Gérard Pince

LES FRANÇAIS RUINÉS PAR L'IMMIGRATION

Godefroy de Bouillon

Ouvrages du même auteur

Le revenant de la forêt guyanaise

Roman déconseillé aux personnes politiquement correctes

Éditions de L'Harmattan 2010

La proie du mal

Épopée au cœur de l'Afrique contemporaine

Éditions de l'Harmattan 2011

Qui a tué Mamadou ?

Éditions Godefroy de Bouillon 2012

La conspiration des magiciens

Éditions Godefroy de Bouillon 2013

Paris - France

www.godefroydebouillon.fr

ISBN : 978-2-84191-278-0

Avertissement

Le discours "politiquement correct" traite de "petits blancs", d'ignorants et de ratés tous ceux qui s'interrogent sur le bien-fondé de l'immigration. Il s'avère donc nécessaire de faire la mise au point suivante.

Gérard Pince est Docteur de troisième cycle en économie du développement, licencié en droit et diplômé de Sciences – Po Paris.

Ancien Directeur à l'Agence française de Développement, il a participé à de nombreuses évaluations économiques et financières avec des équipes de la Banque mondiale et du FMI. Il a dirigé l'Institut d'émission de Guyane et un centre de formation destiné aux cadres supérieurs dans le domaine de la comptabilité nationale et de l'analyse de financements publics et privés.

En tant que chercheur, il est l'inventeur d'une machine comptable pour analphabètes brevetée par l'Institut National de la Propriété Industrielle sous le numéro 83000095.

Introduction et méthodologie

Cet essai analyse **les résultats désastreux** de l'immigration sur l'emploi, les revenus, les finances publiques, et le produit intérieur brut (PIB) qui correspond à la richesse créée par les Français en un an. Son titre évoque le spectre de la ruine. Vous comprendrez vite que c'est le mot juste pour qualifier l'appauvrissement dont vous êtes victime.

Une étude de plus, direz-vous ! Les travaux consacrés à ce sujet débouchent en effet sur des conclusions contradictoires (1). Pour les uns, la France bénéficie de l'immigration tandis que pour d'autres elle ne représenterait qu'un fardeau minime. En m'appuyant sur une autre méthode, **je démontre d'une manière irréfutable qu'elle entraîne la faillite de nos finances publiques et pénalise lourdement le niveau de vie de votre ménage.**

Seuls les chiffres ne mentent pas. J'ai donc la conviction que **la comptabilité nationale** garantit un minimum d'objectivité dans ces débats. Elle ignore les "belles émotions" pour s'en tenir à des résultats concrets : chômage, revenus, dépenses, recettes, déficits et appauvrissement. Cette approche permet de comprendre l'engrenage qui nous broie depuis des décennies et répond à une question souvent occultée : à qui profite cette immigration ? Aux classes populaires qui en supportent tout le coût ou aux patrons qui en encaissent les bénéfices ?

Cette analyse s'applique **à l'année 2011** puisque nous ne

disposons pas de données complètes plus récentes. Avant de l'aborder, il convient de bien définir son champ et sa méthode.

Le champ de l'étude

Son champ inclut **les immigrés et leurs descendants directs (2) originaires des pays tiers**

Certaines études ignorent les descendants. Comme ils sont plus nombreux que les immigrés, leur prise en compte change complètement les résultats. Pourquoi devons-nous les inclure? Étant nés et éduqués en France, ne bénéficient-ils pas du même profil économique que les natifs en terme d'emploi, de chômage, de revenus ou de contributions aux recettes et dépenses publiques? En fait, l'impact de l'immigration se prolonge avec les descendants. C'est pourquoi l'INSEE leur consacre des chapitres entiers dans ses différentes publications.

En revanche, **notre étude ne retient pas les migrants originaires de l'Union européenne (3).** En effet, ces derniers n'ont plus besoin d'un permis de séjour pour s'installer sur notre sol. Depuis 2003, les statistiques à l'entrée sur le territoire ne les enregistrent plus.

Par ailleurs, en raison de proximités culturelles, religieuses, ou sociologiques, ils présentent des caractéristiques économiques analogues à celles des Français de souche. Bien souvent, ils ont de meilleurs taux d'emploi et des revenus plus élevés. Le fait de les inclure dans le même compte que les autres fausse donc l'analyse comme le montre l'exemple suivant :

Imaginons que la population comporte seulement deux personnes : un ressortissant de l'Union européenne et un originaire des pays tiers. Le premier obtient la note de 19/20 en matière d'intégration et le deuxième 5/20. Comme la moyenne donne 12/20, on en déduit que les résultats sont positifs et enrichissent la France !

C'est très exactement ce que font bien des études sur ce sujet en mélangeant dans un même ensemble tous les immigrés et descendants. Cette erreur n'est pas innocente. **Les performances des ressortissants de l'Union européenne compensent les chiffres calamiteux des originaires des pays tiers, ce qui permet de tromper les Français sur la réalité de la situation**. Ce subterfuge ne tiendra pas longtemps puisque les "tiers" sont en proportion de plus en plus nombreux dans le stock des immigrés et de leurs descendants

En conséquence, notre étude n'utilise que deux comptes : le premier englobe les résidents de l'Union européenne, y compris les natifs. Le second regroupe les originaires des pays tiers. **Dans les tableaux, on aura donc deux intitulés : UE et TIERS (4).**

Cette distinction ne débouche pas sur des statistiques ethniques ou géographiques. Par exemple, les tiers comprennent des Européens (Kossovars, Albanais, Ukrainiens ou Russes même s'ils sont en petit nombre). En revanche, les UE incluent les résidents des départements français d'outre-mer (les DOM) qui vivent aux Caraïbes et dans l'océan indien. Il s'agit donc d'une classification institutionnelle qui devrait nous mettre à l'abri de la vindicte des ligues spécialisées dans la répression de la liberté d'expression.

La méthode

En matière financière, le réel est représenté par des chiffres. Un patron s'appuie sur son bilan pour suivre la vie de son entreprise. Par rapport aux observations sociologiques, aux corrélations et aux régressions que certains affectionnent (5), notre méthode repose sur la **comptabilité nationale et analytique**. Tous les grands agrégats de l'économie française sont répartis entre les deux comptes UE et TIERS au moyen de clés de répartition comme celle qui consiste à diviser le Produit Intérieur Brut global (1996 milliards d'euros en 2011) par le nombre total de résidents. Cette méthode se veut apolitique et objective puisqu'elle s'appuie sur des chiffres, et sur eux seuls. Ayant participé à des évaluations comparables avec des équipes de la Banque Mondiale ou du Fonds Monétaire International, je peux garantir sa fiabilité avec une marge d'erreur de 5%.

Elle implique toutefois plusieurs conditions.

Les données doivent émaner d'une source unique. Que penseriez-vous d'un comptable qui calculerait vos dépenses en prenant tantôt vos factures et tantôt les estimations de votre boulanger? Tous les montants globaux proviennent donc de l'INSEE (6) et j'indique à chaque fois l'URL de la référence. Il vous suffit de la recopier sur votre ordinateur pour y accéder. En revanche, j'assume la paternité des clés de répartition qui découlent d'hypothèses logiques et qui sont explicitées dans le corps du texte ou en annexe afin de ne rien laisser dans l'ombre.

Il faut que les comptes soient homogènes. Par exemple, vous ne mélangez pas vos dépenses de vacances avec celles de votre train de vie ordinaire._De même, on ne doit pas regrouper les personnes issues des pays tiers avec les immigrés européens qui présentent les mêmes caractéristiques d'emploi ou de revenus que les autochtones

Enfin, il importe de répartir l'intégralité des différents agrégats. J'insiste sur ce point parce que certains rapports récents enregistrent toutes les recettes fiscales des immigrés en omettant de leur affecter les dépenses régaliennes de l'état (défense, diplomatie, etc.). À l'évidence, ce faux calcul se solde par un excédent ou par un faible déficit !

Les critiques

Des militants contestent le principe d'une telle étude en se fondant sur plusieurs arguments qu'il convient de réfuter.

40% des immigrés et la majeure partie de leurs descendants étant Français, on les stigmatiserait en les traitant séparément. J'observe néanmoins que l'INSEE dénombre ces catégories de personnes. En conséquence, les grincheux voudront bien adresser leurs critiques à cet organisme officiel et non à l'auteur !

Ces "calculs d'épicier" feraient de l'homme une marchandise. Il n'est pas dans nos intentions de tomber dans ce travers. C'est d'ailleurs pourquoi nous estimons que le libre-échange ne s'applique pas aux populations !

On devrait prendre en considération une plus longue période dans une "approche dynamique". En fait, les comptes de la nation et les bilans des entreprises sont bien établis annuellement. De plus, j'ai réalisé en 2004 et 2009 des études identiques mais moins détaillées publiées sur l'Internet et qui donnaient déjà des résultats comparables.

Enfin, pourquoi choisir ce thème ? Pourquoi ne pas s'intéresser aux accidentés de la route, aux handicapés ou aux retraités ? La réponse coule de source. Tout le monde sait que ces groupes induisent des dépenses assumées au nom de la solidarité nationale. En revanche, les partisans de l'immigration affirment qu'elle représente une richesse pour la France. Cette étude se justifie donc puisqu'elle remet les choses au point.

Comment lire ce rapport

J'explique des notions compliquées en quelques lignes denses et concises. Abandonnant le style pontifiant qui prévaut souvent dans ce domaine, je m'adresse à vous sur un ton direct comme à l'occasion d'une conversation entre honnêtes gens. En contrepartie, je vous demande un effort. Il n'est pas question de lire ce rapport comme s'il s'agissait d'une étude en langue de bois, ne méritant au mieux qu'un rapide survol !

Ici chaque mot, chaque définition et chaque chiffre ont leur importance. Sauter un passage, c'est prendre le risque de ne plus rien comprendre. Suivez le texte en vous laissant guider par un processus logique imparable. Vous découvrirez alors que tout devient lumineux et au terme de cet exercice, vous aurez acquis l'expertise d'un agent du FMI ou de la Banque Mondiale !

Notes

1 — Récemment, le directeur général d'un grand hebdomadaire a pris la plume pour affirmer que "l'immigration rapporte plus à la France qu'elle ne lui coûte. Économiquement et socialement, elle est une bonne affaire à court moyen et long terme" (l'Express du 14 novembre 2012, No 3202).

2 — l'adjectif "direct" signifie que nous ne tenons pas compte des enfants des descendants d'immigrés, pour lesquels nous ne disposons d'aucune statistique.

3 — La Suisse, la Norvège, l'Islande et le Liechtenstein sont assimilés à l'UE.

4 — Ces intitulés sont pesants à souhait et ressemblent à la novlangue d'Orwell. En fait, tout le monde sait bien que ces pays tiers sont pour l'es-

sentiel africains et asiatiques. Mais de nos jours, même la géographie devient suspecte !

5 — Certains rapports se fondent sur des cas concrets mais qui sont anecdotiques (par exemple l'effet de l'immigration sur une ville dans le sud des États-Unis). A noter toutefois l'étude de Jean Paul Gourevitch « L'immigration ça coûte ou ça rapporte » aux éditions Larousse qui donne de nombreux renseignements utiles.

6 — "Immigrés et descendants d'immigrés en France — édition 2012"

http://www.insee.fr/fr/publications-et-services/sommaire.asp?codesage=IMMFRA12

"Portrait social — édition 2012"

http://www.insee.fr/fr/publications-et-services/sommaire.asp?codesage=FPORSOC12 & nivgeo = 0

"Tableaux de l'économie française — édition 2012"

http://www.insee.fr/fr/publications-et-services/sommaire.asp?codesage=TEF13 & nivgeo = 0

"L'économie française – édition 2012" dont l'annexe donne la décomposition du PIB en 2011

http://www.insee.fr/fr/ffc/docs_ffc/ref/ECOFRA12g_Annexes.pdf

Chapitre I : le dénombrement

La France est confrontée à une vague d'immigration en provenance des pays tiers qui représente un fardeau épuisant pour son économie. Pour l'évaluer d'une manière précise, il faut d'abord dénombrer la population concernée.

L'étude de 2012 de L'INSEE (7) indique que la France compte 5,3 millions d'immigrés et 6,7 millions de descendants, soit 12 millions de personnes et 18,4% de la population (8). Elle donne aussi leur répartition par origine ce qui facilite l**e décompte des originaires des pays tiers, qui sont les seuls à entrer dans le champ de notre étude.**

Toutefois, ces chiffres correspondent à des effectifs calculés en 2008. Nous devons donc les actualiser au niveau de 2011 en cohérence avec les autres éléments dont nous disposons à cette date.

Décompte des immigrés originaires des pays tiers

D'après la définition adoptée par le haut conseil à l'intégration, un immigré est une personne née à l'étranger, de parents eux-mêmes étrangers, et qui s'installe en France. À fin 2008, la France comptait 5.340.000 immigrés. **Sur ce total, 3,5 venaient des pays tiers (9).**

Ce chiffre de 2008 doit être actualisé par les entrées intervenues en 2009, 2010 et 2011, qui représentent au total 0,6 million concernant exclusivement les tiers (10) (Se reporter à l'annexe 1). Logiquement, il conviendrait de tenir compte des sorties pendant cette période mais on ne les connaît pas et il est probable qu'elles sont plus que compensées par les entrées au titre de l'immigration clandestine (11)

En 2011, le nombre des immigrés des pays tiers s'élève donc à 3,5 + 0,6 = 4,1 millions

Décompte de leurs descendants directs.

Selon l'INSEE, un descendant direct d'immigré est une personne née en France ayant au moins un parent immigré.

Sur les 6,7 millions de descendants, **3,5 ont au moins un parent immigré né dans un pays tiers (12)**

Ils représentent 21% des naissances totales. Le chiffre de 2008 doit donc être actualisé en tenant compte de ce pourcentage en 2009, 2010 et 2011 (13), ce qui donne au total 0,5 million (14) (15). Logiquement, il faudrait en déduire les décès pendant cette période mais les descendants sont jeunes (Se reporter à l'annexe 1).

En 2011, le nombre des descendants originaires des pays tiers s'élève à 3,5 + 0,5 = 4 millions.

Récapitulation et commentaire.

Le dénombrement donne les résultats suivants en millions :

Tableau 1	Immigrés TIERS	Descendants TIERS	Total
Chiffres à fin 2008	3,5	3,5	7
Actualisation à fin 2011	0,6	0,5	1,1
Total	**4,1**	**4**	**8,1**

L'annexe 1 indique la répartition par tranches d'âges qui se révèle indispensable pour l'affectation des dépenses de santé, de retraites ou d'éducation.

Le nombre des originaires des pays tiers atteint 12,4 % de la population totale évaluée à 65,4 millions à fin 2011. On répète à satiété que la France a toujours été une terre d'immigration, mais lors du recensement de 1946, près de 88 % des étrangers étaient encore Européens. Ce phénomène récent tend à s'amplifier sous le double effet des flux et de la natalité. De toutes les nations européennes, la France est sans doute celle qui accueille le plus d'Africains, en raison de son passé colonial.

Selon de nombreux économistes, cette présence massive n'est pas anormale puisque la mobilité des travailleurs doit être identique à celle des biens ou des capitaux. On ne peut pourtant pas comparer un être humain à une marchandise. Un migrant offre un travail qui peut représenter un acquis sous certaines conditions mais il entraîne aussi des coûts (dépenses de logement, de santé ou d'éducation).

De plus, trop de personnes raisonnent comme si tous les migrants étaient des travailleurs. On débouche ainsi sur un syllogisme : tout travail est un apport de richesse. L'afflux des migrants se traduit par une augmentation du travail. L'immigration profite donc à la population native du pays d'accueil !

Le chapitre suivant fondé sur les chiffres et non sur des théories illusoires, montre qu'il s'en faut de beaucoup pour que l'égalité entre l'immigration et le travail soit respectée !

Notes

7 — " Immigrés et descendants d'immigrés en France — édition 2012"

http://www.insee.fr/fr/publications-et-services/sommaire.asp?codesage=IMMFRA12

8 — Source : Page 96 de l'étude INSEE "Immigrés et descendants d'immigrés en France — édition 2012"

http://www.insee.fr/fr/ffc/docs_ffc/ref/IMMFRA12_g_Flot1_pop.pdf

9 — Source : Tableau 13, Page 101 de l'étude INSEE "Immigrés et descendants d'immigrés en France — édition 2012"

http://www.insee.fr/fr/ffc/docs_ffc/ref/IMMFRA12_g_Flot1_pop.pdf

10 — Source : Page 139 de l'étude INSEE "Immigrés et descendants d'immigrés en France — édition 2012"

http://www.insee.fr/fr/ffc/docs_ffc/ref/IMMFRA12_h_Flot2_flu.pdf

11 — L'effectif des clandestins serait compris entre 0,5 et 1 million. Comme nous ne disposons d'aucune statistique d'emploi ou de revenu les concernant, ils n'entrent pas dans le champ de notre étude.

12— Source : Tableau 15, Page 105 de l'étude INSEE "Immigrés et descendants d'immigrés en France — édition 2012"

http://www.insee.fr/fr/ffc/docs_ffc/ref/IMMFRA12_g_Flot1_pop.pdf

13— Source : Page 169 du "Portrait social — édition 2012"

http://www.insee.fr/fr/publications-et-services/sommaire.asp?codesage=FPORSOC12 & nivgeo = 0

14— Source : Tableau 1, Page 133 de l'étude INSEE "Immigrés et descendants d'immigrés en France — édition 2012"

http://www.insee.fr/fr/ffc/docs_ffc/ref/IMMFRA12_g_Flot1_pop.pdf

15— Si l'on tenait compte des naissances des enfants de descendants, ce pourcentage atteindrait le chiffre ahurissant de 26 % ! Je m'abstiens de tout commentaire puisque cet essai ne traite pas de la démographie.

Chapitre 2 : Marché du travail

La participation au marché du travail détermine les revenus et la contribution à l'économie. Cet aspect crucial exige une analyse rigoureuse en respectant les définitions internationalement reconnues. Les différentes études publiées dans ce domaine font souvent preuve de légèreté en confondant les populations actives et occupées pour sortir du sac à malices la conclusion souhaitée.

Les chiffres de ce chapitre ne sont pas contestables puisqu'ils émanent du gouvernement français. Ils démontrent que **les originaires des pays tiers travaillent peu. On voit donc mal comment ils pourraient contribuer à l'enrichissement de la France !**

Ces résultats conduisent à s'interroger sur les causes réelles de leur sous-emploi et à se poser une seconde question qui peut paraître contradictoire : leur présence se traduit-elle par une augmentation du chômage des autres résidents ? Dans ce domaine, la théorie économique hésite mais le retour aux chiffres apporte une réponse incontestable. **Le surnombre des originaires des pays tiers accroît bien le chômage du reste de la population.**

Population active, chômeurs, occupés

Selon les définitions du Bureau international du travail, la population active comprend les personnes qui ont un emploi ou qui sont au chômage. En 2011, l'INSEE l'estime à 28,4 millions. Le taux d'activité mesure la proportion d'actifs dans la tranche d'âge de 15 à 64 ans.

Le chômage atteint 2,6 millions. Le taux de chômage est la proportion de chômeurs parmi les actifs. Il en résulte une population occupée de 25,8 de personnes.

Comment se situent les originaires des pays tiers (immigrés et descendants) par rapport à ces indicateurs ?

L'étude Info-migration 48 de janvier 2013 du Ministère de l'Intérieur répond à cette question en donnant les pourcentages précis de ces derniers dans la population active et occupée en 2011 (16).

Les immigrés tiers actifs sont au nombre de 1.779.000 et enregistrent un taux de chômage de 20,8 %. Leurs descendants actifs représentent 1.061.000 personnes et leur taux de chômage s'élève à 23 %. À partir de ces éléments, on peut dresser le tableau suivant (en millions et en chiffres arrondis) :

Tableau 2	Population active	Chômeurs	Population occupée
TIERS			
Immigrés	1,8	0,4	1,4
Descendants	1,1	0,2	0,9
Sous-total	**2,9**	**0,6**	**2,3**
UE	25,5	2	23,5
Population totale	**28,4**	**2,6**	**25,8**

Le taux de chômage national est de 9,1 %. Celui des résidents de l'UE s'élève à 7,8 % tandis que celui des tiers atteint 20,7 %. **Cela signifie que le problème du sous-emploi qui angoisse tant les Français concerne surtout les tiers**. Par comparaison les immigrés de l'UE et leurs descendants (Espagnols, Portugais, Italiens) enregistrent respectivement des taux de 7,9 et 9,2%. On comprend mieux pourquoi certains s'obstinent à confondre les deux catégories afin de bonifier les résultats globaux!

J'attire à présent votre attention sur le tableau 3 qui indique les ratios de la population occupée par rapport à la population totale et à celle en âge de travailler (15 à 65 ans) et dont les chiffres figurent en **annexe 1.**

Tableau 3	% Occupés sur Population totale	% Occupés sur en âge de travailler
TIERS	28%	**40**%
UE	41%	64%
Total	39%	60%

En se limitant à la population en âge de travailler, 40% des originaires des pays tiers sont occupés, ce qui signifie que **6 sur 10 restent oisifs** (17). S'ils étaient riches, cela ne poserait pas de problème mais dans le cas contraire, comment vont-ils subvenir aux besoins de leurs familles? Par ailleurs, ces résultats cachent de fortes disparités. Les originaires de l'Extrême-Orient bénéficient en général de meilleurs taux d'emploi que les Africains (18).

Une analyse plus détaillée montre que leur situation ne s'améliore pas avec le temps. Par exemple, la première génération enregistre un taux de chômage de 20% qui culmine à 23% au niveau des descendants. Plus précisément, des études réalisées à partir des recensements de 1975, 1982 et 1990 constatent une dégradation sensible de l'accès à l'emploi pour les jeunes issus de l'immigration maghrébine : Entre 9 et 15% de chômeurs en 1975, entre 19 et 38% en 1982, entre 34 et 45% en 1990.

Salariés et indépendants

La population occupée (25,8 millions) comprend 22,8 millions de salariés et 3 millions d'indépendant (artisans, commerçants, agriculteurs, etc.) soit un taux de 11,7% (19)

Il atteint 9% pour les immigrés tiers et 7% pour leurs descendants. Nous avons retenu un taux de 9%, les différences observées n'étant pas significatives (20).

Tableaux 4	occupés	salariés	indépendants
TIERS	2,3	2,1	0,2
UE	23,5	20,7	2,8
Total	**25,8**	**22,8**	**3**

La propagande martèle que les originaires des pays tiers occupent les emplois dangereux, pénibles et mal payés dont les Français ne voudraient plus. Cette affirmation se révèle triplement fausse comme le montre l'étude d'Info-migration déjà citée.

S'agissant des **métiers dangereux** (Gendarmes, Policiers, Pompiers, Militaires), ils relèvent de la Fonction publique à laquelle les étrangers n'ont pas accès.

Les **travaux pénibles** concernent l'agriculture, l'industrie et la construction. Les pourcentages d'occupation y sont les suivants :

Tableau 5	TIERS	UE
Agriculture	1%	3%
Industrie	10%	14%
Construction	11%	6%

Comme on peut le constater, les UE sont parfois plus présents que les tiers dans ces secteurs réputés pénibles.

Enfin 80 % des tiers travaillent dans **les emplois souvent mal payés** du tertiaire mais il en est de même pour les natifs peu qualifiés (21)

Cette importante mise au point relativise l'argument compassionnel (les immigrés ont reconstruit la France après l'avoir libéré !). **Elle montre surtout que les natifs sont substituables aux immigrés**. Comme nous le verrons plus loin, certains contestent cette évidence afin de nier la responsabilité de l'immigration dans le chômage des autochtones et le déclin de leurs salaires.

Les causes de ce chômage et ses conséquences

On prétend que ce chômage massif des tiers résulterait de leurs moindres qualifications et des discriminations qu'ils subiraient. En fait, ils sont en surnombre et leur présence accroît aussi le chômage des résidents de l'UE.

Le surnombre

La loi de l'offre et de la demande montre qu'un **excédent** de l'offre sur le marché du travail avec un salaire plancher se traduit par une augmentation des quantités de chômage (**annexe 2**). Pour la comprendre, il faut d'abord redonner aux mots leur véritable sens. En terme économique, les "demandeurs d'emploi" de la population active sont en fait des offreurs de travail. Les demandeurs de travail sont les entreprises. L'équilibre entre l'offre et la demande correspond à la population occupée.

En 1975, la population active (l'offre de travail) s'élevait à 21,8 millions. En 2011, elle atteint 28,4 millions soit un accroissement de 6,6 millions. Les causes de cette croissance sont multiples mais l'immigration des pays tiers y a contribué d'une manière déterminante. Examinons maintenant l'autre versant représenté par la demande des entreprises. L'emploi total se chiffrait à 21,1 millions en 1975. Il est aujourd'hui de 25,8 soit une augmentation de 4,7 millions. Il suffit donc de comparer les 6,6 de l'offre et les 4,7 de la demande pour en déduire l'existence d'un excédent structurel de 1,9. Les pouvoirs publics préfèrent insister sur des pénuries de main-d'œuvre! Un rapport du Conseil d'analyse économique, organisme dépendant directement des services de Matignon, explique pourtant qu'elles résultent de l'insuffisance des salaires dans un secteur donné (22).

L'excédent serait encore plus grand sans l'émigration des Français. Selon **Jean Paul Gourevitch**, 2.390.000 Français sont expatriés à l'étranger. Chaque année, 233.000 quittent la France tandis que 168.000 y reviennent soit un solde négatif de 65.000 personnes (23).

Il n'existe aucune raison d'escompter sa résorption dans le futur. Certes, les prévisionnistes considèrent que l'offre de travail devrait baisser à l'avenir en raison du déclin démographique. En effet, les classes nombreuses nées après la guerre atteignent l'âge de la retraite. Toutefois, cette diminution n'a aucune chance de se produire puisque des flux nouveaux de migrants s'ajoutent chaque année. Seule une croissance très forte pourrait apporter une amélioration. Or le taux de croissance de la France, à moyen terme, devrait rester de l'ordre de 1%

En outre, le développement futur des entreprises risque de faire disparaître de nombreux postes de travail soit sous l'effet du progrès technique, soit sous celui des délocalisations. Je m'en tiendrai à une seule statistique (24). En 2011, les Français ont investi à l'étranger 62 milliards d'euros. En contrepartie, les investissements des étrangers en France n'ont atteint que 26 milliards, soit un solde négatif de 36 milliards. Sur une plus longue période, le stock des investissements français à l'étranger s'élevait à 820 milliards en 2010 contre 422 milliards pour les investissements étrangers en France. Le solde négatif de 400 milliards s'est forcément traduit par des pertes massives d'emploi. **Alors que les entreprises délocalisent avec tant d'ardeur, il est pour le moins surprenant que certains réclament toujours plus de migrants!**

L'excédent structurel actuel devrait donc persister avec pour conséquences le maintien d'un chômage endémique

La présence des originaires des pays tiers accroît le chômage des UE

Les originaires des pays tiers souffrent du chômage mais leur présence accroît aussi celui des autres résidents. Un simple exemple illustre ce fait : supposons que l'offre et la demande de pommes s'équilibrent pour une mise en marché de 1000 tonnes à un prix plancher de 100 euros la tonne. Importons à présent 500 tonnes de même qualité. Puisque le prix ne peut pas baisser, l'offre va devenir excédentaire. Cela ne signifie pas que ce sont les 500 tonnes étrangères qui le seront! Entrant dans un circuit de distribution unique, une partie sera bien vendue et une autre non. Il en sera de même pour les pommes nationales. En fin de course, nous aurons donc bien 500 tonnes invendues mais qui se répartiront, par exemple, entre 300 tonnes étrangères et 200 tonnes nationales.

Les économistes favorables à l'immigration contestent cette loi de l'offre et de la demande. Selon eux, les immigrés ne seraient pas substituables aux natifs et il existerait deux marchés du travail distincts. Ils prétendent même que l'afflux des immigrés diminue le chômage des autochtones en jouant le rôle d'une variable d'ajustement : pour faire face aux périodes de fortes commandes, les patrons recruteraient des immigrés et les débaucheraient une fois l'expansion terminée. De ce fait, le noyau dur et permanent des salariés français serait protégé des fluctuations par "l'amortisseur immigré" !

Pour étayer cette thèse des deux marchés distincts, ils affirment que les immigrés assumeraient les tâches dont les Français ne voudraient plus. En fait, les statistiques de l'emploi (Voir plus haut) infirment cette idée. Les Français et les immigrés sont bien en concurrence sur les mêmes emplois. On peut donc toujours remplacer un immigré par un autochtone, à niveau de qualification comparable.

Revenons à nos chiffres qui ne mentent pas! Il existe en France 22,8 millions de salariés et nous savons que ce montant est intangible dans l'état présent de l'économie. En tenant compte des 3 millions d'indépendants et d'un taux de chômage frictionnel de 4% qui correspond au plein-emploi, nous aboutissons à une population active maximum de 26,9 millions (au lieu de 28,4). Nous remplissons ensuite ce quota avec les Français de souche actifs (25,5 millions) et il ne reste que 1.400.000 places disponibles pour atteindre 26,9 millions.

Dans la réalité, nous avons 2,9 millions d'actifs originaires du tiers-monde. L'excédent s'élève donc à 1,5 million (2,9-1,4 = 1,5). En son absence, le plein-emploi (avec 4% de chômage et 1,1 million de chômeurs au lieu de 2,6) serait assuré comme l'illustre le tableau 6 : la première colonne indique les actifs résultant de la simulation, la seconde le nombre de chômeurs sur la base d'un taux de 4%, la troisième le nombre de chômeurs dans la situation actuelle et la quatrième l'écart constaté.

Tableau 6 (En milliers)	Actifs	Chômeurs 1 (4%)	Chômeurs 2	Écart
TIERS	1400	56	600	544
UE	25.500	1.000	2000	1000
Total	26.900	1.056	2.600	1.544

Au vu du tableau, on peut donc dire que les 1,5 million d'actifs des pays tiers en excédent entraînent 1.000.000 chômeurs parmi les UE et environ 500.000 chez les tiers. Cette simulation confirme l'exemple de nos pommes : le stock de chômage induit par les tiers affecte bien toutes les catégories de la population. Certes, ils en payent le plus lourd tribut mais cela tient au fait qu'ils sont arrivés en dernier.

Notes

16-Source : http://www.interieur.gouv.fr/Le-secretariat-general-a-l-immigration-et-a-l-integration-SGII/Statistiques-et-documentation/Publications/Numeros-parus-en-2013/L-insertion-professionnelle-des-immigres-et-de-leurs-descendants-en-2011

17 — Ce qui n'empêche pas Xavier Chojnicki et Lionel Ragot d'affirmer "que l'on se trouve bien loin du stéréotype de l'immigré qui dans sa grande majorité serait en situation d'inactivité". En réalité, dans le cas des tiers, le stéréotype est vrai — "On entend dire que l'immigration coûte cher à la France-Éditions Eyrolles"

18— Source : Pages 185 et 187 de l'étude INSEE "Immigrés et descendants d'immigrés en France — édition 2012"
http://www.insee.fr/fr/ffc/docs_ffc/ref/IMMFRA12_j_Flot4_mar.pdf

19— Source : Page 189 du "Portrait social — édition 2012"

http://www.insee.fr/fr/publications-et-services/sommaire.asp?codesage = FPORSOC12 & nivgeo=0

20— Source : Page 193 de l'étude INSEE "Immigrés et descendants d'immigrés en France — édition 2012"

http://www.insee.fr/fr/ffc/docs_ffc/ref/IMMFRA12_j_Flot4_mar.pdf

21— Source : Page 195 de l'étude INSEE "Immigrés et descendants d'immigrés en France — édition 2012"

http://www.insee.fr/fr/ffc/docs_ffc/ref/IMMFRA12_j_Flot4_mar.pdf

22 — Rapport 2009 : Immigration, qualification et marché du travail

http://www.cae.gouv.fr/IMG/pdf/084.pdf

23— L'immigration, ça coûte ou ça rapporte ? — Éditions Larousse

24— Source : Page 141 des tableaux de l'économie française-INSEE-Edition 2013

http://www.insee.fr/fr/ffc/tef/tef2013/T13F144/T13F144.pdf

Chapitre 3 : les revenus

La position sur le marché du travail détermine le revenu. On distingue ainsi les salaires, les revenus mixtes des indépendants, les produits du patrimoine (locations, dividendes, etc.) et enfin les pensions de retraite. De plus, chaque revenu comporte plusieurs échelons (le revenu primaire et le net des cotisations sociales patronales et salariales). Ces données sont disponibles au niveau de la comptabilité nationale mais leur répartition entre les UE et les tiers exige une analyse ardue. Elle s'avère pourtant indispensable pour calculer les dépenses et les recettes de l'état imputables à chaque compte ainsi que leurs contributions au produit intérieur brut.

Les différentes études que j'ai lues sur ce sujet omettent ce travail et se contentent d'approximations invérifiables.

Tout comme nous venons de le faire à propos du chômage, il convient de se poser la question suivante : **l'immigration des pays tiers tire-t-elle les salaires de tous les résidents vers le bas ?** En son absence, les revenus des UE seraient-ils plus élevés que ceux qui ressortent de notre décompte ? Sur ce sujet, le débat dévoile le conflit des intérêts qui entrent en jeu.

Les revenus et leur répartition

Les ménages se composent de salariés et d'indépendants (entreprises individuelles, artisans, commerçants, agriculteurs, professions libérales) qui ont des revenus primaires en contrepartie de leur participation au processus de production.

Le revenu primaire inclut les cotisations sociales. Une fois déduites, on obtient le revenu net. À cela s'ajoutent les revenus que les salariés, les indépendants et les retraités perçoivent de leurs patrimoines. À noter que ce stade de l'analyse ne tient pas compte des pensions de retraite que nous retrouverons plus tard.

Ces revenus se décomposent comme suit en 2011 (en milliards d'euros) (25).

Tableau 7	Salaires	Indépendants	Patrimoine	Total
Revenus primaires	1077,6	121,1	285,9	1484,6
Cotisations	395,8	28,2	-	424
Revenus nets	681,8	92,9	285,9	1060,6

Nous allons maintenant les répartir entre les UE et les tiers. Les calculs afférents figurent en **Annexe 3**.

Revenu salarial

Le salaire médian des immigrés des pays tiers s'élève à 1300 euros et à 1400 euros pour leurs descendants contre 1550 pour les natifs (26). En pondérant les effectifs concernés, on obtient un salaire médian de 1330 euros inférieur de 14% à celui des natifs. Il fournit une estimation de la dépréciation à effectuer. À partir de cet élément, une équation donne les masses salariales afférentes aux deux comptes (**annexe 3**).

Les cotisations salariales et patronales (395,8) sont ensuite déduites au prorata des masses salariales pour calculer le revenu net.

Tableau 8	Salaires primaires	Cotisations	Salaires nets
TIERS	86,2	31,7	54,5
UE	991,4	364,1	627,3
Total	1077,6	395,8	681,8

Le revenu salarial net s'élève à 30.300 pour un UE et 26.000 pour un tiers (27).

Revenu des indépendants

Le revenu des indépendants (121,1) ou revenu mixte, correspond à la rémunération du travail du propriétaire et de sa famille et à son profit en tant qu'entrepreneur.

Il est affecté au prorata de leur nombre (tableau 4) et les cotisations en proportion des revenus (annexe 3).

Tableau 9	Revenu primaire	Cotisations	Revenu net
TIERS	8,1	1,9	6,2
UE	113	26,3	86,7
Total	121,1	28,2	92,9

Le revenu net moyen d'un indépendant s'élève ainsi à 31.000 euros et s'avère à peine supérieur à celui d'un salarié ce qui peut paraître surprenant.

Revenu du patrimoine

Les revenus du patrimoine (285,9) comprennent les dividendes, les intérêts perçus, et les loyers. Ils dépendent de nombreux facteurs (par exemple, les héritages) et le rendement diffère suivant les actifs détenus.

On sait que les tiers ont peu de patrimoines d'autant plus que leurs descendants n'ont pas encore hérité. À défaut de meilleur critère, on répartit ces revenus au prorata des propriétaires de logements (28) et on obtient les résultats suivants :

Tableau 10	Revenus du patrimoine
TIERS	15,7
UE	270,2
Total	285,9

Pour le détail de tous ces calculs, reportez-vous à **l'annexe 3.**

Récapitulation

On établit ensuite la récapitulation de ces revenus nets.

Tableau 11	Salaires	Indépendants	Patrimoine	Total
UE	627,3	86,7	270,2	984,2
TIERS	54,5	6,2	15,7	76,4
Revenu net	**681,8**	**92,9**	**285,9**	**1060,6**

Il en résulte un revenu net de 17.200 euros pour un UE et de 9.400 euros pour un tiers. La différence va peser lourdement sur le niveau des recettes fiscales.

.

L'immigration des pays tiers tire-t-elle tous les salaires vers le bas ?

Le modèle standard indique en annexe 2 que le prix du travail s'ajuste jusqu'à ce que l'offre équilibre la demande. L'immigration constituant une augmentation de l'offre, le salaire doit diminuer sauf s'il existe en abondance d'autres facteurs de production tels que la terre ou le capital. Les études de Borjas concluent que l'immigration massive aurait joué un rôle important dans la montée des inégalités aux USA en réduisant les rémunérations des non-diplômés (29).

L'immigration serait-elle ainsi responsable de la grande crise de 2008 ? En effet, la baisse relative des salaires US a été compensée par l'octroi déraisonnable de crédits afin de maintenir la consommation globale. Comme on le sait, la chute de cette montagne de prêts a été à l'origine du cataclysme (se reporter à **l'annexe 4**).

Lorsqu'il existe un salaire minimum comme en France, l'ajustement se traduit par l'apparition du chômage. Néanmoins, les salaires des moins qualifiés risquent d'être collés au niveau minimum fixé par la loi. En revanche, l'accroissement de l'offre de travail à bas prix élève le rendement du capital, ce qui signifie que les patrons voient leurs profits augmenter. De plus, le personnel de direction enregistre aussi une hausse de ses revenus puisqu'il représente un facteur complémentaire. Comme la science économique aime bien les "success stories", on en déduit que les capitaux vont affluer pour bénéficier de cette aubaine. La main-d'œuvre redeviendra alors un facteur rare, les salaires remonteront et en définitive tout le monde aura tiré un avantage de l'immigration.

Ces théories reposent sur des arguments en boucle dépourvus de réalisme. Certes, sur le papier, le rendement du capital augmente mais cela ne l'empêche pas de se délocaliser dans les pays émergents. De plus, l'abondance du travail à bon marché risque de retarder la modernisation. A contrario, le Japon a robotisé ses usines au lieu de faire appel à l'immigration et se situe ainsi à la pointe des technologies industrielles.

Ce schéma montre toutefois qu'il existe des perdants et des gagnants. Les gagnants, ce sont les patrons et les cadres supérieurs qui voient leurs profits ou leurs rémunérations augmenter. Ils jouissent des bénéfices de l'immigration sans en subir les nuisances. Vous comprenez donc pourquoi les élites font autant de propagande en sa faveur !

Les perdants, ce sont évidemment les classes populaires. Leurs salaires baissent et elles en supportent tout le coût social et financier.

Notes

25— Source : Page 203 du "Portrait social — édition 2012"

http://www.insee.fr/fr/ffc/docs_ffc/ref/FPORSOC12p_FTLo4reve.pdf

26— Source : Page 210 et 212 de l'étude INSEE "Immigrés et descendants d'immigrés en France — édition 2012"
http://www.insee.fr/fr/ffc/docs_ffc/ref/IMMFRA12_k_Flot5_con.pdf

27— Observons l'énorme prélèvement sur le revenu primaire du salarié, qui correspond au prix de son travail sur le marché. Il faudrait retourner au moyen âge pour trouver une telle amputation.

28— Source : Page 225 de l'étude INSEE "Immigrés et descendants d'immigrés en France — édition 2012"
http://www.insee.fr/fr/ffc/docs_ffc/ref/IMMFRA12_k_Flot5_con.pdf

29-The labor demand curve is downward sloping : reexamining the impact of immigration on the labor market- Borjas- Quaterly journal of economics.

Chapitre 4 : les finances publiques

Le lecteur l'aura sans doute déjà compris. L'immigration enrichit une petite élite et pénalise les classes populaires en leur faisant supporter son poids sociétal et financier. Face à cette situation, les dirigeants ont prévu des compensations pour maintenir la consommation. Aux États-Unis, elles se sont traduites par une avalanche de crédits consentis à des insolvables avec pour conséquence la catastrophe bancaire de 2008. En France et en Europe, elles ont pris la forme d'une kyrielle d'aides sociales avec pour résultat **la crise de la dette publique.**

Nous parvenons donc au coeur de notre étude en examinant le poids que font peser les originaires des pays tiers sur nos finances. La répartition de toutes les dépenses et recettes de l'état implique de nombreux calculs que j'ai conservés en annexe dans un souci de transparence. Les travaux publiés sur ce sujet ne donnent le plus souvent que des chiffres globaux sans indiquer par quelle méthode on y est arrivé. Cette opacité permet d'escamoter certains coûts et de déboucher sur des conclusions erronées.

Le résultat calamiteux auquel nous parvenons dévoile une vérité cachée. **La crise de la dette publique est celle de l'immigration. Cela signifie que tous les efforts d'austérité que l'on impose aux Français proviennent du refus des autorités de la réguler.**

1— Les dépenses

Les dépenses publiques de la France comprennent celles de l'État, des collectivités locales et de la sécurité sociale. En raison des transferts intervenant entre ces différentes entités, il faut les traiter sous une forme consolidée qui nous est donnée par le tableau 3302 des comptes nationaux de l'INSEE en 2011. Il nous servira de référence pour tous les postes à répartir (30).

En 2011, ces dépenses publiques s'élèvent à 1118,7 milliards d'euros soit 56 % du produit intérieur brut. Elles comprennent la protection sociale (641,1) et les dépenses de l'état et des collectivités locales (477,6).

Leur affectation s'effectue suivant la méthode précisée en introduction. Cela signifie que nous devons intégralement répartir ces 1118 milliards d'euros entre nos deux comptes.

Les dépenses de protection sociale

Elles atteignent 641,1 milliards d'euros en 2011. **L'annexe 5** donne le détail de tous les calculs.

Les dépenses de vieillesse et survivants (299,9 milliards) correspondent pour l'essentiel aux retraites. Les âges légaux pour prendre sa retraite sont 62 ou 67 ans suivant les cas mais l'âge réel est en moyenne de 59,1 pour les femmes et 59,4 pour les hommes. On se fonde donc sur les populations de 60 ans et plus (**annexe 1**) pour répartir.

Les dépenses de santé et de maladie invalidité s'élèvent à 214,4 milliards. Une étude de la direction du Trésor (31) montre que le profil brut des dépenses varie avec l'âge. L'annexe 5 tient compte de cette pondération qui donne une dépense de 22,6 pour les tiers.

Les dépenses de la famille (49,4 milliards) correspondent aux allocations familiales, aux primes à la naissance et de rentrée scolaire. Le plus simple consiste à les répartir au prorata des moins de vingt ans, ce qui intègre le fait que les tiers ont davantage d'enfants.

Les rubriques emploi (37,4) qui comprennent les allocations chômage et pauvreté (RMI/RSA) et les différentes **aides accordées par les mairies aux indigents (15,2)** sont ventilées au prorata du nombre des chômeurs.

Les dépenses d'aide au logement : les dépenses d'aide au logement (21,4 milliards) concernent 69% des tiers et 38% des UE qui sont locataires en 2008 (32). Nous appliquons ces taux à nos populations de 24 ans et plus en 2011 (voir Annexe 5).

En appliquant ces clefs, on obtient la répartition suivante (en milliards d'euros)

Tableau 12	UE	TIERS	Total
Vieillesse	284	15,9	299,9
Santé	191,8	22,6	214,4
Familles	40,4	9	49,4
Emploi	28,8	8,6	37,4
Pauvreté	11,7	3,5	15,2
Logement	17,7	3,7	21,4
Non défini	3,4		3,4
Total	**577,8**	**63,3**	**641,1**

Toutes tranches d'âges confondues, un résident de l'Union européenne perçoit 10.000 euros contre 7.800 pour un originaire des pays tiers. Contrairement à une idée répandue, ces derniers reçoivent moins de prestations sociales. Cette situation s'explique par le poids des retraites. Une fois retranché ce poste, un UE touche 5.100 euros contre 5.900 pour un tiers.

Les dépenses de l'état et des collectivités locales

Ces dépenses représentent 477,6 milliards en 2011. La nomenclature du tableau 3302 les consolide par grandes fonctions ce qui simplifie l'analyse. Le détail des calculs figure en **annexe 6**.

Les services généraux des administrations publiques, la défense, les affaires économiques, l'environnement et les loisirs (284 milliards) concernent tous les résidents et ne peuvent être repartis qu'au prorata des populations. C'est cet énorme poste que bien des études omettent comme si les immigrés n'en bénéficiaient pas au même titre que les autres ! Est-il légitime d'inclure les jeunes ? Oui, puisque le PIB par habitant intègre bien l'ensemble des habitants y compris les enfants au berceau !

La dépense d'éducation (120,8 milliards) comprend l'élémentaire, le secondaire et le supérieur. Elle est repartie au prorata des moins de 24 ans. On ne tient pas compte des charges induites par les facteurs religieux et culturels qui perturbent le système mais qui sont difficiles à chiffrer. Il est clair que cette clef minore le coût des tiers.

Les dépenses de sécurité publique (35 milliards) englobent le maintien de l'ordre, la justice et l'administration pénitentiaire. Les étrangers (3,7 millions) représentent 17,6% des personnes détenues en 2011 (33). En réajustant ce pourcentage sur la base de l'effectif des tiers (8,1), on obtient ainsi 38,5% qui sont affectés à l'ensemble puisque la détention marque l'aboutissement de toute l'activité de ces services (détail en annexe 6)

Les dépenses de logements et d'équipements collectifs (37,8 milliards) intéressent principalement les HLM et la réhabilitation des cités (politique de la ville). En moyenne, 40% des tiers et 15% des UE habitent dans des HLM en 2008. Nous appliquons ces taux à nos populations de 24 ans et plus et répartissons au prorata des résultats obtenus

On obtient ainsi le résultat suivant (En milliards d'euros).

Tableau 13	UE	TIERS	Total
Éducation	99,6	21,2	120,8
Intérieur et Justice	21,5	13,5	35
Logement	29,3	8,5	37,8
Autres dépenses	248,8	35,2	284
Total	**399,2**	**78,4**	**477,6**

Les dépenses de l'État bénéficient à hauteur de 7.000 euros par habitant à un UE et de 9.700 euros à un tiers. Le poids de l'éducation et de la sécurité explique cette différence.

Total des dépenses publiques

L'addition des dépenses de protection sociale, de l'État et des collectivités locales donne le résultat suivant.

Tableau 14	UE	TIERS	Total
Protection sociale	577,8	63,3	641,1
Dépenses état	399,2	78,4	477,6
Total	**977**	**141,7**	**1118,7**

Les dépenses publiques totales s'élèvent à 17.000 euros par habitant pour un UE et à 17.500 pour un tiers. Si on les avait affectées égalitairement au prorata des populations, on aurait obtenu 980 milliards pour les UE et 138 pour les tiers. Cela signifie que les clefs utilisées n'interfèrent que pour 3 milliards!

2— Les recettes

Les recettes de l'ensemble des administrations publiques (état, organismes divers, collectivités locales et sécurité sociale) s'élèvent en 2011 à 1014, 8 milliards. Elles proviennent des cotisations, des impôts et des revenus domaniaux.

Nous nous reportons aux chiffres de 2011 des tableaux 3201 S13 et 3212 des comptes nationaux de l'INSEE (34). Cette analyse étant souvent bâclée, j'ai conservé ici certains calculs dans le corps du texte en renvoyant leur détail en **annexe 7.**

Les cotisations sociales

Les cotisations sociales encaissées s'élèvent à 370 milliards d'euros. Comment s'explique la différence avec le total prélevé de 424 milliards d'euros (tableau 7) ? Elle provient du fait que toutes les cotisations prélevées ne donnent pas lieu à des versements effectifs aux caisses d'assurances (par exemple dans le cas des cotisations de retraite des fonctionnaires puisque l'état est son propre assureur)

Il convient donc de les calculer au prorata des cotisations prélevées ce qui donne le résultat suivant :

Tableau 15	UE	TIERS	Total
Cotisations prélevées	390,3	33,7	424
Cotisations encaissées	**340,6**	**29,4**	**370**

Les impôts courants sur le revenu et le patrimoine

Ils s'élèvent à **225,2 milliards** et comprennent trois groupes de contribution avec des bases différentes d'imposition.

La CSG (88,6), la CRDS (6,3), l'impôt sur le revenu (50,6) représentent au total **145,5 milliards** qui s'imputent sur le revenu initial augmenté des retraites et des indemnités de chômage. À partir des tableaux 11 et 12, on peut donc calculer la base imposable et on répartit ensuite ces impôts au prorata.

Tableau 16	UE	TIERS	Total
Revenu net	984,2	76,4	1060,6
Pensions retraite	284	15,9	299,9
Indemnités chômage	28,8	8,6	37,4
Total	1297	100,9	1397,9
CSG, CRDS, IR	135	10,5	145,5

Sachant que 50 % des Français ne payent pas d'impôt sur le revenu, cette clé de répartition majore sans doute la contribution des tiers.

L'impôt sur les sociétés (41,9), l'impôt sur la fortune (4,3) et différentes contributions sur le patrimoine (17,5) représentent un total de **63,7 milliards.**

Comment affecter l'impôt sur les sociétés ? Le raisonnement comptable permet de répondre à cette question : les actionnaires ont un patrimoine. On le répartit donc au prorata des revenus du patrimoine (Tableau 10).

La taxe d'habitation (16 milliards) est payée par tous les propriétaires et locataires. On la répartit au prorata des plus de 24 ans (Annexes 1 et 7).

Tableau 17	UE	TIERS	Total
Impôt sur les sociétés et divers	60,2	3,5	63,7
Taxe d'habitation	14,4	1,6	16

Sur ces 225,2 Milliards d'impôts courants, les tiers n'en payent que 15,6.

Impôts sur les salaires, la production, la taxe foncière (82,5) et le capital (10,3)

Ils s'élèvent à **92,8 milliards** au total et comprennent quatre contributions avec des bases différentes d'imposition.

Les impôts sur les salaires et la main-d'œuvre (28,4) comportent différentes taxes payées par les entreprises mais le raisonnement comptable indique que ce sont les salariés qui les supportent puisque cette somme leur reviendrait en l'absence de ce prélèvement. On répartit donc au prorata des salaires primaires (toutes cotisations inclues — tableau 8).

Les impôts sur la production (26,7) comprennent la cotisation sur la valeur ajoutée et d'autres taxes diverses payées par les actionnaires. On la répartit au prorata des revenus du patrimoine.

La taxe foncière (27,4) est répartie au prorata des propriétaires. 29% des tiers sont propriétaires contre 55% pour les UE (35).

Les impôts divers sur le capital (droits sur mutations, etc.) représentent **10,3 milliards** et sont répartis au prorata des revenus du patrimoine.

Tableau 18	UE	TIERS	Total
Impôt sur les salaires	26,1	2,3	28,4
Impôt sur la production	25,2	1,5	26,7
Taxe foncière	25,9	1,5	27,4
Impôt divers capital	9,7	0,6	10,3

Sur 92,8 Milliards d'impôts, **les tiers n'en payent que 5,9**.

Impôts sur la consommation

La TVA, la taxe intérieure sur les produits pétroliers et divers impôts représentent 222,6 milliards. Ils sont affectés au prorata de la consommation qui concerne tous les achats de biens et de services qu'effectuent les ménages (dépenses d'alimentation, d'habillement, de logement, de transports, de loisirs, etc.). Il est impossible de décomposer chaque type de dépense entre les deux populations mais on sait que la consommation est égale au revenu diminué de l'épargne. L'annexe 7 calcule donc **le revenu disponible brut** qui correspond au revenu net du tableau 11, augmenté des prestations sociales (tableau 12) et diminué des dépenses de santé, de la CSG-CRDS, de l'Impôt sur le revenu et de la taxe d'habitation. Ce revenu disponible brut corrigé par le taux d'épargne donne la consommation.

Le taux d'épargne national s'élève à 16,1% en 2011 (36). S'agissant des tiers, la documentation évoque surtout la pauvreté ou l'endettement mais nous avons retenu un taux égal au pourcentage des revenus du patrimoine dans le revenu disponible brut. Connaissant la consommation, on répartit ensuite l'impôt au prorata :

Tableau 19	UE	TIERS	Total
Revenu disponible brut	1220,8	105	1325,8
Taux d'épargne	16,2%	15%	16,1%
Consommation	1023,1	89,2	1112,3
Impôts consommation	**204,7**	**17,9**	**222,6**

Recettes de production et revenus de la propriété

Ces recettes auxquelles s'ajoutent certains transferts représentent 104,2 milliards. Comment les répartir ? Le domaine de l'état est constitué à partir des impôts et cotisations de tous les contribuables. Elles doivent donc être reparties au prorata du total de ces impôts et cotisations en 2011, ce qui donne **96,3** pour les UE et **7,9** pour les tiers (détail du calcul en annexe 7).

Total général

Le tableau suivant enregistre le total des recettes :

Tableau 20	UE	TIERS	Total
Total des recettes	**938,1**	**76,7**	**1014,8**

Les UE contribuent à hauteur de 16.400 euros aux recettes publiques contre 9.500 pour les tiers. **Alors que le niveau des dépenses par habitant se révèle équivalent, l'écart se creuse ici, ce qui n'est pas surprenant compte tenu des différences de revenus.**

3— Les déficits

Le déficit des finances publiques s'élève à **103,9 milliards d'euros en 2011** avec 1118,7 milliards de dépenses et 1014,8 milliards de recettes.

Sa répartition s'établit en reprenant les totaux des tableaux 14 et 20

Tableau 21	UE	TIERS	Total
Dépenses	977	141,7	1118,7
Recettes	938,1	76,7	1014,8
Déficit	**38,9**	**65**	**103,9**

Les originaires des pays tiers induisent un déficit de 65 milliards. Ce chiffre scandaleux interpelle mais l'année 2011 n'a rien d'exceptionnel. Mes études sur le même sujet montraient déjà des résultats semblables en 2004 et 2009.

Les clés de répartition ne sont pas en cause. Elles n'entrent pas dans tous les détails (Par exemple, la progressivité pour l'impôt sur le revenu). Dans certains cas (revenu du patrimoine, dépenses d'éducation ou de sécurité), elles jouent plutôt en faveur des immigrés. De plus, les sous-estimations et surestimations se compensent souvent dans ce type d'exercice. Ces résultats reflètent donc bien la réalité avec une marge d'erreur de 5%.

Les causes du déficit

Le tableau suivant indique les dépenses, les recettes et les déficits par habitant :

Tableau 22	UE	TIERS	Total
Dépenses	17.000	17.500	17.100
Recettes	16.400	9.500	15.500
Déficit	600	8000	1.600

Le déficit s'élève à 8.000 euros pour un tiers, soit un montant 12 fois plus important que pour un UE (600 euros) !

Les niveaux de dépenses par habitant (protection sociale et dépense de l'état) s'avèrent comparables. **Contrairement à ce que l'on entend souvent, les originaires des pays tiers ne sont pas "surreprésentés" dans ce domaine**. En raison de leur structure par âge, ils consomment davantage d'éducation mais beaucoup moins en matière de retraites ou de santé.

En revanche, l'écart se creuse au niveau des recettes. En effet, cette population peu occupée dispose de faibles revenus qui ne lui permettent pas de contribuer en proportion aux charges de la nation.

Ce déficit est-il circonstanciel ou au contraire permanent? Certains prétendent que les mineurs en grand nombre deviendront bientôt des actifs et participeront aux recettes publiques. Au nom de cette comptabilité générationnelle, l'impact de l'immigration serait ainsi positif à long terme. Imaginez un président de société qui tiendrait le discours suivant à ces actionnaires : "Notre bilan annuel montre que notre entreprise est au bord de la faillite, mais la comptabilité générationnelle prévoit que nous sortirons du rouge dans cinquante ans! "

En réalité, les adultes actuels seront alors retraités et grèveront beaucoup plus qu'aujourd'hui la protection sociale. Par ailleurs, les mineurs devenus actifs rencontreront les mêmes difficultés d'emploi que leurs aînés, tout en ayant des enfants en grand nombre. On voit mal comment cette étrange comptabilité pourrait modifier la situation présente. Le déficit est donc durable et s'amplifiera au rythme des entrées de 200.000 migrants chaque année. **Nous sommes bien en présence d'une saignée permanente de nos finances publiques.**

Les conséquences : la crise de la dette

Les conséquences d'un déficit ne sont pas toujours mauvaises et dépendent de la manière dont il est utilisé. Prenons le cas d'un ménage qui emprunte à 5% pour réaliser un investissement rapportant 20% par an. À l'évidence, il s'enrichit et le crédit joue ici un effet de levier. En revanche, il sombre dans le surendettement s'il paye ainsi ses dépenses courantes. Or l'état n'a investi que 61,4 milliards en 2011 alors que son déficit s'est élevé à 103,9 milliards. Cela signifie qu'il a emprunté 40 milliards pour financer de la consommation.

Lorsqu'ils constatent un tel laxisme, les créanciers augmentent leur taux d'intérêt et le coût de la dette devient insupportable. Il faut prendre d'urgence des mesures de redressement. Le gouvernement envisage donc de ramener le déficit à 3% du PIB en 2013. Avec une croissance égale à zéro, cet objectif (Un déficit de 59,8 milliards au lieu de 103,9) implique une réduction de 44 milliards et comme le pouvoir répugne à faire des économies, cela se traduit par un alourdissement de la fiscalité.

Or le tableau ci-dessous révèle que, sans les originaires des pays tiers, les résidents de l'UE auraient déjà rempli ce critère de 3% dès 2011 puisque le déficit qui leur est imputable ne s'élève qu'à 38,9 milliards! De plus, si les efforts étaient répartis au prorata des déficits constatés comme l'indique le scénario 1, les impôts des UE augmenteraient de 16,5 milliards et ceux des tiers de 27,6 milliards. Comme cette hypothèse s'avère irréalisable, tous les sacrifices seront demandés aux UE comme le montre le scénario 2.

Tableau 23	UE	TIERS	Total
Déficit actuel	-38,9	-65	- 103,9
Scénario 1			
Augmentation d'impôts	16,5	27,6	44,1
Déficit objectif 3%	-22,4	-37,4	-59,8
Scénario2			
Augmentation d'impôts	44,1	0	44,1
Déficit objectif 3%	+ 5,2	- 65	-59,8

Vous allez donc payer pour apurer des déficits dont vous n'êtes nullement responsables ! Ces 44,1 milliards représentent un appauvrissement de 770 euros par UE. Étalé sur deux ans, cela correspond à une ponction de 385 euros soit 1540 euros par an pour un ménage de 4 personnes. **Vous avouerez que comme enrichissement on peut faire mieux !**

Plus globalement, on peut dire que l'importance excessive de la dette publique française provient des originaires des pays tiers puisque mes études de 2004 et 2009 enregistraient déjà des dérives identiques. **La crise de la dette est donc bien celle de l'immigration** (37).

On pourrait nous opposer que l'on aboutirait à des résultats encore plus mauvais en ciblant les jeunes ou bien les retraités (38), mais cet argument ne résiste pas à l'examen. D'une part, dans une population donnée, il est normal que les adultes compensent ces déficits générationnels. Or, les originaires des pays tiers n'y parviennent pas en raison de leurs faibles revenus. D'autre part, la solidarité entre régions ou entre catégories sociales (les riches aidant les pauvres) s'exerce légitimement au sein d'une nation. Dans le cas présent, il s'agit d'une solidarité internationale puisque 60 % des immigrés sont étrangers.

Notes

30— INSEE-Comptes Nationaux :
http://www.insee.fr/fr/themes/comptes-nationaux/tableau.asp?sous_theme = 3.3 & xml = t_3302

31— Les dépenses de santé en France-DGTPE-Juillet 2009

http://www.tresor.economie.gouv.fr/File/324788

32— Source : Page 225 de l'étude INSEE "Immigrés et descendants d'immigrés en France — édition 2012"
http://www.insee.fr/fr/ffc/docs_ffc/ref/IMMFRA12_k_Flot5_con.pdf

33— Source : Page 229 du "Portrait social — édition 2012"

http://www.insee.fr/fr/ffc/docs_ffc/ref/FPORSOC12q_FTLo5cond.pdf

34— INSEE-Comptes Nationaux

http://www.insee.fr/fr/themes/comptes-nationaux/tableau.asp?sous_theme = 3.2 & xml = t_3212

http://www.insee.fr/fr/themes/comptes-nationaux/tableau.asp?sous_theme = 3.2 & xml = t_3201

35— Source : Page 225 de l'étude INSEE "Immigrés et descendants d'immigrés en France — édition 2012"
http://www.insee.fr/fr/ffc/docs_ffc/ref/IMMFRA12_k_Flot5_con.pdf

36— Source : "Portrait social — édition 2012"

http://www.insee.fr/fr/themes/tableau.asp?reg_id = 0 & ref_id = NAT-TEF08148

37— La crise de la dette alimente de nombreux débats sur les plateaux de télévision. On y parle d'austérité, de croissance et des réformes à entreprendre. Avez-vous entendu citer l'immigration ? Les causes du mal français restent occultées !

38— Certains partisans de l'immigration comparent son coût à celui de nos anciens en évoquant un "vieillissement subit" ! En réalité, le coût des pensions devrait être diminué des cotisations versées au cours de toute une vie. On s'apercevrait alors que les retraités dégagent un excédent budgétaire grâce aux impôts qu'ils payent sur les revenus de leurs rentes et du patrimoine dont ils détiennent l'essentiel

Chapitre 5 : le produit intérieur brut

Les citoyens se sentent peu concernés par les déficits publics. Les riches paieront ! Malheureusement, ils partent de plus en plus tandis que les tiers restent. D'une manière ou d'une autre, c'est donc vous qui réglerez la facture même si cette échéance vous paraît encore lointaine.

A présent, nous allons montrer comment cette immigration vous appauvrit en pesant lourdement sur votre budget familial. L'effet de ruine est ici patent et immédiat.

Cette démonstration s'appuie sur l'analyse du Produit intérieur brut (PIB) qui définit le revenu total obtenu par un pays en un an. Dans le cas de la France, il s'élève à 1996,6 milliards d'euros en 2011. Il indique la richesse globale mais pour connaître celle de ses habitants et déterminer si elle augmente ou diminue, il faut recourir au PIB par tête en le divisant par le nombre des résidents. La France compte 65,4 millions de personnes et le PIB par tête s'élève donc à 30.500 euros

Attention ! Seul ce dernier indicateur qui est souvent occulté mesure votre enrichissement réel. On peut très bien concevoir un PIB qui croit tandis que les habitants s'appauvrissent. Il suffit pour cela que leur nombre augmente plus vite que le PIB.

Les travaux concernant l'impact de l'immigration sur le PIB sont tout aussi délirants que ceux qui traitent des finances publiques. Une étude récente des Nations Unies conclut que 1% de migrants en plus se traduit par une hausse de 1% du PIB. À ce compte, il faudrait faire venir des centaines de millions de gens sous-qualifiés pour enregistrer une expansion exponentielle! De telles élucubrations reprises sans aucune critique par les médias et les leaders d'opinion ignorent la loi sur les rendements décroissants et la différence entre des "actifs" et des personnes occupées. De plus, il s'agit du PIB global et non du PIB par habitant qui diminuerait fortement de sorte que vous seriez de plus en plus pauvres.

Nous allons suivre la logique des comptes nationaux pour établir notre démonstration.

1— La richesse produite

Le PIB de la France s'élève à 1996,6 milliards d'euros en 2011 et se calcule au moyen de deux équations macroéconomiques. La première indique la valeur de la production finale de la France en 2011. Elle s'écrit de la manière suivante :

PIB = Valeur ajoutée (VA) + Impôt sur la consommation (IC)

1996,6 (PIB) = 1789,1 (VA) + 207,5 (IC)

Cette équation paraît rébarbative mais nous allons retrouver des notions que vous connaissez déjà. Vous trouverez tous les calculs en annexe 8. (39)

Décomposition de la valeur ajoutée (VA = 1789,1)

La valeur ajoutée ne comprend que trois postes : la rémunération des salariés et Indépendants **(1198,7)**, les impôts sur la production moins les subventions **(53,9** et l'excédent brut d'exploitation **(536,5)** qui se répartissent comme suit :

Tableau 24	UE	TIERS	Total
Rémunération des salariés et indépendants	1104,4	94,3	1198,7
Impôts sur la production moins les subventions	50,4	3,5	53,9
Excédent brut d'exploitation	505,8	30,7	536,5
Total	1660,6	128,5	1789,1

Le détail de ces calculs est expliqué en **annexe 8**

Les impôts sur la consommation (207,5)

Ils s'élèvent ici à 207,5 au lieu de 222,6 dans les comptes des recettes. Peu importe cette différence. Nous répartissons au prorata des impôts initiaux ce qui donne 190,8 pour les UE et 16,7 pour les tiers. :

Le PIB total

Il additionne les résultats précédents ce qui donne :

Tableau 25	UE		TIERS		Total
Valeur ajoutée	1660,6	+	128,5	=	1789,1
Impôts consommation	190,8	+	16,7	=	207,5
PIB total	**1851,4**	**+**	**145,2**	**=**	**1996,6**

Avec 12,4 % de la population, les tiers ne contribuent qu'à hauteur de 7,3 % au PIB. La richesse produite s'élève à 30.500 par résident (1996,6 divisé par la population totale de 65,4 millions), et la répartition donne 32.300 pour un UE et 17.900 pour un tiers.

La France, cinquième économie mondiale, n'arrive qu'au dixième rang pour le PIB par habitant en Europe. En dépit du modèle social dont ils se félicitent, les Français sont moins bien traités que les Néerlandais qui jouissent d'un PIB d'environ 38.000 euros. De plus, à prix constants, le PIB par habitant en France en 2011 est inférieur à celui de 2006 ! (40)

Tournons-nous à présent vers la seconde équation qui nous réserve quelques surprises désagréables.

2— L'utilisation de cette richesse

Cette seconde équation montre l'utilisation de la production finale entre la consommation et l'investissement. Elle s'écrit de la manière suivante :

PIB = Consommation (C) + Investissement (I) + ou – le solde des Exportations – Importations (SC)

1996,6 (PIB) = 1640,6 (C) + 412,1 (I) – 56,1 (SC)

Le solde commercial positif ou négatif intervient ici pour équilibrer le résultat (l'importation est une ressource et l'exportation une utilisation)

Les calculs de répartition figurent en **annexe 9** et donnent les résultats suivants :

Tableau 26

Richesse produite				**Utilisation**	
		C	+ I	– SC	= Total
UE	1851,4	1483,2	+ 385,5	- 44	= 1824,7
TIERS	145,2	157,4	+ 26,6	- 12,1	= 171,9
Total	**1996,6**	**1640,6**	**+ 412,1**	**- 56,1**	**= 1996,6**

À partir de deux évaluations distinctes, l'égalité globale entre les deux équations est bien respectée ce qui montre que nous ne nous sommes pas trompés dans nos calculs ! En revanche, les décompositions entre UE et Tiers font ressortir de bien curieuses différences entre la richesse produite et son utilisation ! Pour les analyser et bien comprendre le mécanisme économique il faut réécrire les équations en transférant le solde commercial dans le premier membre où il devient alors positif :

1996,6 (PIB) + 56,1 (SC) = 1640,6 (C) + 412,1 (I) = 2052,7

Cette présentation signifie que les Français ont bénéficié de 2052,7 Milliards de ressources à partir de la richesse produite (1996,6) et de l'excédent des importations sur les exportations (56,1). Au niveau de la répartition, la décomposition de l'équation entre les UE et les tiers donne les résultats suivants :

Tableau 27

Ressource disponible			**Utilisation**		
	PIB + SC	C +	I	= Total
UE :	1851,4 + 44 = 1895,4	1483,2	+	385,5	= 1868,7
TIERS	145,2 + 12,1 = 157,3	157,4	+	26,6	= 184
Total	**1996,6 + 56,1 = 2052,7**	**1640,6**	**+**	**412,1**	**= 2052,7**

Ce tableau appelle les commentaires suivants :

Le solde commercial

La seconde équation du PIB fait intervenir le solde des exportations (538,2) et des importations (594,3). Sur le plan macroéconomique, les premières contribuent positivement à la croissance du PIB (1,3 % en 2011) et les secondes négativement (- 1,4% en 2011). Un déficit signifie que l'on utilise davantage de ressources que la richesse produite mais il peut s'avérer nécessaire dans certains cas. Par exemple, des machines importées augmentent le taux de rendement des investissements.

Avec 12,4 % de la population, les tiers enregistrent 22 % du déficit commercial de la France (Par contre, il est absurde d'affirmer que les immigrés ne contribuent pas aux exportations. Un ouvrier marocain qui travaille chez Peugeot exporte une partie de sa production qui a pour contrepartie son salaire primaire et l'excédent brut d'exploitation de l'entreprise.). Les tiers ont donc davantage bénéficié du déficit commercial par habitant que les UE comme le montre le tableau suivant :

Tableau 28	UE	TIERS	Total
Richesse produite	1851,4	145,2	1996,6
Richesse produite par h	32.300	**17.900**	30.500
Ressource disponible	1895,4	157,3	2052,7
Ressource disponible par h	33.100	**19.400**	31.400

Le déficit commercial a augmenté la ressource disponible de 900 euros au niveau national, de 800 euros pour les UE et de 1500 euros pour les tiers.

Or un déficit commercial est comblé par les créanciers extérieurs qui consentent des crédits ou qui investissent en France. L'économie devra rembourser d'une manière ou d'une autre ces 900 euros par habitant.

La consommation

Avec une contribution de 7,3 % au PIB, les originaires des

pays tiers représentent 9,6 % de la consommation. Ce surplus provient d'un plus grand recours aux importations (Voir paragraphe précédent) et de la politique redistributive de l'état sur laquelle nous reviendrons plus loin.

L'investissement et variation des stocks

Les tiers ne contribuent qu'à hauteur de 6,5 % à l'investissement qui est le véritable moteur de l'enrichissement. Par exemple, si ces 412 milliards avaient un rendement de 20 %, le revenu dégagé soit 80 milliards en s'ajoutant au PIB de 2012 représenterait une contribution de 4 %. à sa croissance. En raison de l'immigration, une partie se traduit par des équipements sociaux (Logement, éducation, santé) dont la population de souche pourrait se passer. Le montant global de l'épargne étant limité, ils se réalisent au détriment de la modernisation dans des secteurs productifs tels que ceux des hautes technologies.

Selon Maurice Allais, prix Nobel d'économie, lorsqu'un travailleur supplémentaire entre sur le territoire, les infrastructures requises représentent quatre fois son salaire annuel. Dans ce contexte, l'arrivée de 200.000 migrants chaque année nécessiterait un investissement social de l'ordre de 20 milliards (41).

Incidence de la politique redistributive de l'état

Par rapport à la ressource disponible des UE qui s'élève à 1895,4, l'utilisation (la consommation et l'investissement) n'atteint que 1868,7, soit un manque de 26,7 milliards transférés au tiers qui passent de 157,3 milliards à 184!

Le tableau suivant montre l'importance de ce transfert par habitant.

Tableau 29	UE	TIERS	Total
Ressource disponible	1895,4	157,3	2052,7
Ressource disponible par h	**33.100**	19.400	31.400
Utilisation	1868,7	184	2052,7
Utilisation par h	**32.600**	22.700	31.400

Ce transfert résulte des opérations de redistribution mises en œuvre par l'État au nom de la solidarité. Il se traduit par une perte de 500 euros par habitant pour un UE tandis qu'un tiers voit ses possibilités de consommer ou d'investir augmenter de 3300 euros !

Cette analyse fait ressortir une moins-value pour les UE mais son montant entre dans le champ de la marge d'erreur de 5% et **nous n'en tiendrons donc pas compte**. Nous disposons d'une méthode plus indiscutable pour démontrer l'appauvrissement entraîné par l'immigration des pays tiers.

3— Analyse de l'appauvrissement

Notre approche **fondée sur une simulation** illustre l'effet de ruine d'une manière irréfutable.

La méthode

Lorsque la Banque mondiale étudie un projet de développement, elle considère comment évoluerait la situation sans ce dernier. La différence entre les bénéfices avec et sans projet permet de connaître sa rentabilité réelle.

Pour l'année 2011, la population originaire des pays tiers correspond au projet. Pour un PIB national de 1996,6 milliards d'euros, celui des UE s'élève à 1851,4 milliards d'euros soit 32.300 par habitant.

À présent, il faut se demander ce que deviendrait ce chiffre sans le projet, c'est-à-dire sans les tiers. **Si au terme de ce calcul le PIB par UE dépasse 32.300 nous pourrons alors en conclure que leur présence nous appauvrit.**

Le nouveau marché du travail

Cette simulation change toutes les données du marché du travail et par conséquent les revenus. La population active (les offreurs de travail) passe de 28,4 à 25,5 millions, les 2,9 d'actifs des pays tiers disparaissant par hypothèse. Les 23,5 de résidents UE gardent leur emploi mais les 2 millions qui étaient au chômage vont alors occuper ceux qui deviennent vacants puisque nous admettons une parfaite substitution à qualification comparable (La réaffectation est en fait plus complexe parce qu'il faut tenir compte d'un chômage frictionnel de 4% de la population active soit 1 million).

Le tableau suivant montre l'ancienne répartition et la nouvelle :

Tableau 30	Population active	Chômeurs	Population occupée
1-Ancienne répartition			
TIERS	2,9	0,6	2,3
UE	25,5	2	23,5
Population totale	28,4	2,6	25,8
2-Nouvelle situation			
Nouvelle population	25,5	1	24,5
Actifs manquants	1,3		
Emplois non pourvus			1,3
Total	26,8	1	25,8

Pour retrouver le niveau d'emploi demandé par l'économie (25,8), il manque compte tenu du chômage frictionnel inévitable, 1,3 million d'actifs et des pénuries de main-d'œuvre vont donc apparaître. Conformément au modèle standard, les patrons seront bien obligés d'augmenter les payes ce qui aura deux effets : d'une part la décote de 14% sur les salaires anciennement perçus par les tiers s'annulera. D'autre part, de nombreuses personnes qui s'étaient retirées du marché du travail parce qu'elles étaient découragées par la faiblesse des rémunérations s'y présenteront de nouveau.

Très vraisemblablement, des actifs supplémentaires répondront aux emplois demandés et on retrouvera donc le tableau antérieur de la population occupée en dépit de la disparition des tiers.

Tableau 31	Population active	Chômeurs	Population occupée
Anciens actifs	25,5	1	24,5
Nouveaux actifs	1,3	NS	1,3
Total	**26,8**	**1**	**25,8**
Salariés			22,8
Indépendants			3

Cette nouvelle configuration où le chômage se réduit à 1 million de personnes et où tous les emplois sont occupés par les UE modifie les revenus, les dépenses, les recettes publiques, et les décompositions du PIB. **En bref, il faut tout recalculer!**

C'est ce que nous avons fait. La fiche placée en **annexe 10** est conçue d'une manière didactique pour que vous puissiez aisément la vérifier.

Les résultats

Ils sont stupéfiants. Le tableau suivant les résume en

distinguant la situation actuelle avec les originaires des pays tiers et la nouvelle configuration théorique sans eux

Tableau 32	Situation actuelle	**Situation sans eux**
Déficit/excèdent budgétaire	-103,9	+38,8
PIB	1996,6	1966,8
Déficit/excédent commercial	-56,1	+55,7

En dépit de la diminution de la population (57,3 au lieu de 65,4), le PIB ne se contracte que de 30 milliards. Le déficit budgétaire se transforme en un excédent de 38,8 milliards et grâce à une vigoureuse baisse de la consommation effective totale, le solde commercial devient positif.

Mais le plus important est à venir. Souvenez-vous que le PIB des UE s'élève à 1851,4 milliards d'euros dans la situation présente. Or, lorsque les tiers ne sont plus là, il atteint 1966,8. Qu'est-ce que cela signifie? **Regardez bien les chiffres suivants** :

Tableau 33	Situation actuelle	**Situation sans eux**
PIB des UE	1851,4	1966,8
Population des UE	57,3	57,3
PIB par habitant	**32.300**	**34.300**

Notre PIB actuel par habitant est inférieur de 2.000 euros à celui que nous aurions sans eux. Nous pouvons donc en conclure irréfutablement que leur présence nous appauvrit (42)

Ces 2.000 euros représentent une moins-value qui concerne aussi bien les nourrissons que les grands vieillards. Pour avoir une vue complète de son ampleur, il faut se fonder sur un ménage moyen de quatre personnes (Deux parents et deux enfants). **Elle s'élève alors à 2.000* 4 = 8.000 euros par**

an. Au bout de cinq ans, votre famille se sera appauvrie de 40.000 euros, c'est-à-dire le prix de deux voitures neuves !

Tous ces calculs étaient-ils nécessaires pour aboutir à cette évidence ? Dans un système d'État-providence (43) fondé sur la solidarité, les riches payent pour les pauvres. Cela signifie en réalité que les plus pauvres appauvrissent les moins pauvres. Nous venons d'en faire la démonstration.

Notes

39— " L'économie française – édition 2012" dont l'annexe donne la décomposition du PIB en 2011

http://www.insee.fr/fr/ffc/docs_ffc/ref/ECOFRA12g_Annexes.pdf

40 — Source : Comptes nationaux de l'INSEE

http://www.insee.fr/fr/themes/comptes-nationaux/tableau.asp?sous_theme = 1 & xml = t_1115

41— Maurice Allais : nouveaux combats pour l'Europe. Un aveuglement suicidaire. Pour une autre Europe – Clément Juglar 2012

42-La diminution se situe au-delà de la marge d'erreur de 5%.

43— On devrait importer des riches pour améliorer les comptes mais on les chasse et on attire des pauvres ! Par ailleurs, une population de natifs démunis donnerait de meilleurs résultats en raison d'un poids moins lourd de la jeunesse. Personne ne s'avise de calculer le PIB par catégories sociales, ni même d'évaluer un PIB médian, car cela ferait apparaître les inégalités considérables de notre société. Aux amateurs de se livrer à ces études en s'inspirant de notre méthode !

Chapitre 6 : les solutions

Face à une telle catastrophe, quelles sont les mesures envisageables ?

J'ai longtemps hésité à en proposer. En effet, elles impliquent des choix qui font intervenir des considérations éthiques et sentimentales. Après tout, quand on aime, on ne compte pas !

Cette étude permet toutefois aux individus les mieux disposés à l'égard de l'immigration de prendre conscience de la ruine qu'ils subissent. Je pense en particulier à ceux qui découvrent qu'elle enrichit le patronat au détriment des classes populaires. Le lecteur attend donc des solutions mais elles ne sont pas aisées à définir. On se heurte en effet à des problèmes juridiques découlant des traités que la France a signés, des directives européennes ou tout simplement du respect de sa propre constitution.

Nous proposons néanmoins trois mesures : **l'arrêt de l'immigration en provenance des pays tiers, la suppression des prestations sociales versées aux étrangers de ces pays et le rapatriement de leurs chômeurs.** Leur impact positif devrait inciter les décideurs à les adopter en dépit des difficultés matérielles qu'elles soulèvent.

C'est en tout cas le seul moyen d'interrompre l'hémorragie.

Arrêt de l'immigration en provenance des pays tiers

Imaginez un bateau qui prend l'eau après avoir heurté un récif. Que penseriez-vous d'un capitaine qui commanderait à ses matelots d'écoper au lieu d'obstruer la brèche ? Cela signifie qu'il importe de tarir les flux migratoires des pays tiers. Cette proposition n'implique pas une immigration zéro puisqu'il sera toujours possible d'accueillir des migrants de l'Union européenne (Pologne, Slovaquie, pays baltes, etc.) pour faire face à des pénuries particulières de main-d'œuvre (travaux saisonniers de l'agriculture par exemple)

Quels sont les arguments opposés à cette mesure ?

Les obstacles théoriques

Certains avancent qu'un solde migratoire nul se traduirait par une baisse de la population totale de 10 % par rapport aux projections de l'INSEE à l'horizon de 2050. Pourquoi devrait-elle ainsi augmenter au prix d'une pollution accrue, d'un encombrement plus grand et de toutes les nuisances qui en résultent ? Certains nous expliquent que cette dynamique démographique assurera notre puissance en Europe face à l'Allemagne ! Peut-on concevoir un prétexte aussi ridicule ?

On en revient alors à la sauvegarde de notre modèle social. À cet égard, les Nations unies ont calculé qu'il faudrait 13,5 millions d'immigrants chaque année pour maintenir en Europe le ratio actuel entre les actifs et les retraités. Cela signifierait sur 50 ans l'arrivée de 13,5*50 = 675 millions de personnes qui seront retraitées un jour, nécessitant ainsi de nouvelles vagues pour pérenniser ce fameux ratio. Hélas, la commission européenne plaide dans le même sens en demandant toujours plus de migrants alors que l'expérience montre que ces arrivées se traduisent par davantage de chômeurs et par la ruine de nos finances publiques et de nos comptes sociaux (44)

Pour sauver notre modèle social et nos retraites (45), on nous propose de remplacer les Français par des Africains ! Voilà où conduisent la folie et la haine maladive d'une certaine élite pour nos malheureux compatriotes !

Les obstacles juridiques

Ils s'avèrent considérables. Au niveau national, la suppression du regroupement familial qui reste le principal motif d'entrée pourrait se heurter à un veto du Conseil constitutionnel ou de la Cour européenne des droits de l'homme. Le refus de l'asile dérogerait aux traités que nous avons signés. Enfin, le rétablissement des contrôles aux frontières impliquerait la suspension des accords de Schengen.

Seuls, un ou plusieurs referendums permettraient de lever ces obstacles en imposant aux juges la souveraineté du peuple.

Les obstacles matériels

L'arrêt de l'immigration légale entraînerait sans nul doute un développement des circuits clandestins et certains en déduisent qu'il est impossible d'assurer l'étanchéité des frontières (46). Les filières comprennent les recruteurs et les passeurs qui se situent à l'étranger et contre lesquels on reste désarmé mais elles incluent aussi leurs complices qui exercent leurs activités en France. Il faudrait dissoudre, au lieu de leur donner des subventions, les multiples associations qui se consacrent à l'aide au séjour irrégulier et qui défient la loi. De même, une répression impitoyable devrait s'abattre sur les employeurs qui embauchent des sans-papiers.

Le flux irrégulier le plus important provient des touristes qui se maintiennent sur le territoire après la date d'expiration de leur visa. Leur délivrance ne devrait plus être assurée par les consulats soumis à toutes sortes de pressions mais par une cellule située en métropole et qui traiterait les formulaires adressés depuis l'étranger. Un enregistrement informatique à l'entrée et à la sortie du pays permettrait de connaître enfin le nombre de personnes en séjour irrégulier et d'en transmettre la liste aux forces de l'ordre.

Les médias excitent notre compassion en nous montrant les bateaux qui accostent avec leurs lots d'immigrants alors qu'il s'agit du franchissement illégal de nos frontières. Imaginez qu'un groupe de Français tente de débarquer ainsi sur les côtes algériennes. Croyez-vous qu'on les accueillerait avec des croissants et des couvertures ?

Suppression des prestations sociales aux étrangers

Les allocations familiales ont été créées à l'origine pour enrayer l'insuffisance de la natalité française. Les étendre aux étrangers est dénué de tout sens commun. De même, les autres avantages paraissent tout aussi inadmissibles, alors que nos finances sont compromises.

La réduction de la protection sociale ne peut s'appliquer qu'aux étrangers tiers. L'INSEE indique que leur nombre total s'élève à environ 3,7 millions en 2008, en y incluant ceux de l'Union européenne. Notre fiche en **annexe 11** recalcule ce montant en l'actualisant et en tenant compte uniquement des originaires des pays tiers. Nous parvenons à un chiffre de 3,9 millions. Bien évidemment, les réductions ne peuvent s'appliquer qu'à cette dernière catégorie.

Ces étrangers seraient invités à souscrire des contrats pour couvrir leur santé et leur retraite auprès des compagnies d'assurance. En bonne logique, on devrait les exonérer de cotisations mais n'ayant plus à payer ces charges, les entreprises seraient alors tentées de leur donner la priorité. On aboutirait ainsi à une préférence en matière d'emploi ! Il conviendrait donc de les maintenir à hauteur de leur montant actuel en leur attribuant un autre nom.

De toute manière, cette politique n'aurait un sens que si l'immigration était arrêtée. Contrairement à ce que certains croient, la seule réduction de la protection sociale ne dissuaderait pas les tiers de venir car les revenus qu'ils peuvent escompter seront toujours supérieurs à ceux qu'ils ont dans leurs pays. Par ailleurs, d'autres motifs interviennent comme la langue, le climat et la présence de diasporas déjà installées.

Rapatriement des étrangers en surnombre

La troisième proposition concerne le rapatriement des 200.000 étrangers qui font partie des 600.000 chômeurs selon nos estimations **(Annexe 11)**

Cette mesure n'est pas contraire aux règles républicaines : aucun texte, ni aucun traité n'interdisent à un État de renvoyer les étrangers dans leurs pays d'origine (à condition de rester dans les limites imposées par le droit d'asile). Il existe d'ailleurs des précédents : dans les années 30 et face à la crise économique, le gouvernement de centre gauche a contingenté leur entrée (loi du 10 août 1932) et multiplié les expulsions. Par exemple, 130.000 Polonais ont été rapatriés entre 1931 et 1936 et le nombre d'ouvriers étrangers présents sur le sol français a chuté de 37 %.

En tenant compte des familles (voir annexe 11) le rapatriement de 200.000 chômeurs implique celui de 600.000 personnes. Comme les distinctions entre étrangers et français n'ont pas beaucoup de sens au sein de la population des tiers, une telle décision serait difficile à exécuter dans le cadre légal actuel. Nous ne parvenons à rapatrier que quelques milliers d'individus par an et toute expulsion se traduit déjà par des incidents disproportionnés (saccage d'avions, etc.)

Je l'évoque pourtant parce qu'il faudra bien y venir un jour sous l'effet de la force des choses et dans un contexte général qui aura été transformé.

Évaluation des résultats

L'annexe 12 décrit les modifications qui affectent les principaux comptes suite à l'adoption de ces trois mesures.

Nous avons vu que les 1,5 million d'actifs en excédent entraînaient 1000.000 chômeurs parmi les UE et environ 500.000 parmi les originaires des pays tiers. 200.000 actifs en moins entraînent donc 130.000 chômeurs en moins chez les UE (200.000*1/1, 5 = 133.000 arrondi à 100) et 70.000 de moins chez les Tiers (arrondi aussi à 100). Il en résulte une nouvelle répartition sur le marché du travail :

Tableau 34	Population active	Chômeurs	Population occupée
TIERS	2,7	0,5	2,2
UE	25,5	1,9	23,6
Population totale	28,2	2,4	25,8
	Occupés	Salariés	Indépendants
TIERS	2,2	2	0,2

UE	23,6	20,8	2,8
Total	25,8	22,8	3

À partir de ces tableaux, **j'ai refait tous les calculs qui figurent en annexe 12.** Le tableau suivant résume les résultats en distinguant la situation incorporant les 3 solutions proposées

Tableau 35	Situation actuelle	**Situation avec solutions**
Déficit/excédent budgétaire	-103,9	-66,6
PIB	1996,6	1992,8
Déficit commercial	-56,1	-25,2

Le PIB reste inchangé en dépit de la baisse de population. Le déficit budgétaire est réduit de 40 milliards et s'élève à 3,3% du PIB. Pour atteindre les 3% (soit 59,8 milliards), il faudrait donc réaliser une économie de 6,8 milliards au lieu de 44 milliards par rapport à la situation de 2011. Par ailleurs, le déficit commercial diminue de moitié Au lieu de rogner sur les allocations familiales et les retraites, le gouvernement dispose donc de solutions simples pour atteindre ses objectifs.

Il faut choisir : **supprimer les avantages sociaux des étrangers et rapatrier 200.000 d'entre eux qui sont au chômage, ou bien imposer une cure d'austérité et un appauvrissement drastique à tous les Français.**

Notes

44— Ces calculs absurdes visent à faire accepter par les Européens leur disparition à terme.

45— En réalité, le problème des retraites n'a rien à voir avec l'immigration. Il convient de réformer le système en allongeant la durée du travail, en plafonnant les pensions, et en remplaçant la répartition par la capitalisation, mais c'est un autre sujet.

46 — Le bloc de l'Est y était bien parvenu et des pays comme la Chine ou les états arabes contrôlent parfaitement leurs frontières. Essayez donc de pénétrer clandestinement en Arabie Saoudite !

Conclusion

Nous venons de démontrer d'une manière irréfutable l'effet de ruine entraîné par l'immigration originaire des pays tiers.

Le nombre des tiers atteint 8,1 millions. 40 % seulement de ceux en âge de travailler sont occupés, ce qui signifie que **6 sur 10 restent oisifs.** Étant en excédent par rapport aux capacités de l'économie, ils induisent un stock de chômage qui affecte les autres résidents. Ils tirent les salaires vers le bas au profit des patrons et des cadres supérieurs qui voient leur rémunération augmenter tandis que les classes populaires supportent tout le fardeau.

Ils entraînent **65 % du déficit des finances publiques en 2011**. La crise de la dette est donc celle de l'immigration et tous les efforts d'austérité que l'on impose aux Français proviennent du refus de la réguler.

Enfin, notre simulation démontre que le PIB actuel par habitant est inférieur de 2.000 euros à celui que nous aurions sans eux. Leur présence appauvrit de 8.000 euros par an un ménage moyen de quatre personnes !

L'arrêt des flux migratoires, la suppression des avantages sociaux consentis aux étrangers et le rapatriement de 200.000 d'entre eux qui sont au chômage réduiraient de 40 milliards le déficit budgétaire. Au lieu de rogner sur les allocations familiales et les retraites, le gouvernement dispose donc de solutions pour éviter une cure d'austérité et un appauvrissement drastique de tous les Français

Cela n'empêchera pas les médias de prétendre que l'immigration nous enrichit ! Par son ampleur et sa répétition, ce mensonge ne peut se comparer qu'à ceux des communistes au temps de la guerre froide. Le principal changement par rapport à cette époque réside dans le ralliement du patronat et des élites aux thèses de l'extrême gauche. Nous avons montré que la théorie économique en donnait la raison.

Vous comprenez donc pourquoi les solutions les plus évidentes n'ont aucune chance d'être adoptées. Heureusement, l'histoire n'a pas encore dit son dernier mot. Souvenez-vous ! Qui pouvait prévoir que l'Union soviétique s'effondrerait comme un château de cartes ? Des situations qui semblent aujourd'hui impensables peuvent se réaliser à brève échéance.

Le gouvernement sera forcé de faire des économies. Il ménagera autant que possible les originaires des pays tiers qui forment sa base électorale mais toute minoration du tribut qui leur est versé risque d'entraîner des émeutes généralisées. En cas de troubles graves, la majorité des Français exigera la mise en vigueur de l'article 16 de la constitution.

Nous ignorons sur quoi de tels événements pourraient déboucher mais *l'invasion* et *le grand remplacement* (47) ne sont donc pas des fatalités. Tant que luiront quelques vérités, il restera un chemin pour l'espérance.

Notes

47 — Pour reprendre les expressions judicieuses du président Giscard d'Estaing et de Renaud Camus

Annexe 1 — Le dénombrement

Actualisation à fin 2011

Le dénombrement donne les résultats suivants en millions :

Tableau 1	Immigrés TIERS	Descendants TIERS	Total
Chiffres à fin 2008	3,5	3,5	7
Actualisation à fin 2011	0,6	0,5	1,1
Total	**4,1**	**4**	**8,1**

Pour les immigrés tiers, le chiffre de 2008 doit être actualisé par les entrées intervenues en 2009(191.383) et 2010 (194.153) (1). On ne dispose pas encore des données de 2011 mais on peut prendre la moyenne des deux années précédentes soit 192.000.

L**eurs descendants** représentent 21% des naissances qui s'élèvent à 824.600 en 2009, 832.800 en 2010 et 827.000 en 2011 (2), ce qui donne les chiffres suivants : 173.200 pour 2009, 174.900 pour 2010 et 173.700 pour 2011 soit au total 521.800, arrondis à 0,5 million qui doivent être rajoutés au 3,5 à fin 2008 (3)

Principales tranches de population

Cette répartition (4) a été actualisée au niveau 2011

Tableau 1

Tranches d'âge	- de 15	15/20	20/24	24/60	60/65	+65	Total
Tiers	**2**	**0,9**	**0,6**	**3,8**	**0,4**	**0,4**	**8,1**
UE	**9,6**	**3,5**	**3,4**	**26,4**	**3,7**	**10,7**	**57,3**
Population totale	**11,6**	**4,4**	**4**	**30,2**	**4,1**	**11,1**	**65,4**

Tranches d'âges utilisées par l'étude

	UE	**Tiers**	**Total**
Population totale	57,3	8,1	65,4
Moins de 15 ans	9,6	2	11,6
15 ans et plus	47,7	6,1	53,8
15 à 65 ans	37	5,7	42,7
Moins de 20 ans	13,1	2,9	16
20 à 60 ans	29,8	4,4	34,2
Plus de 24 ans	40,8	4,6	45,4
Moins de 24 ans	16,5	3,5	20
Plus de 60 ans	14,4	0,8	15,2

Notes

1— Source : Page 139 de l'étude INSEE "Immigrés et descendants d'immigrés en France — édition 2012"
http://www.insee.fr/fr/ffc/docs_ffc/ref/IMMFRA12_h_Flot2_flu.pdf

2— Source : Page 169 du "Portrait social — édition 2012"

http://www.insee.fr/fr/publications-et-services/sommaire.asp?codesage = FPORSOC12 & nivgeo=0

3— Source : Tableau 1, Page 133 de l'étude INSEE "Immigrés et descendants d'immigrés en France — édition 2012"

http://www.insee.fr/fr/ffc/docs_ffc/ref/IMMFRA12_g_Flot1_pop.pdf

4— Source : Page 105 et 109 de l'étude INSEE "Immigrés et descendants d'immigrés en France — édition 2012"

http://www.insee.fr/fr/ffc/docs_ffc/ref/IMMFRA12_g_Flot1_pop.pdf

Annexe 2 — La loi de l'offre et de la demande concernant le travail

Ce texte est la traduction d'un de mes articles sur Freeworldacademy, ce qui explique les graphiques en anglais.

La théorie

Le travail est un facteur de production qui obéit à la loi de l'offre et de la demande. Toute chose étant égale, la quantité de travail augmente lorsque son prix augmente et décroît dans le cas contraire.

Cette loi est illustrée par la courbe (S.). Le graphique montre un accroissement de la quantité de travail (Q1 à Q2) parce que les salaires augmentent de P1 à P2 :

DRAWING 8

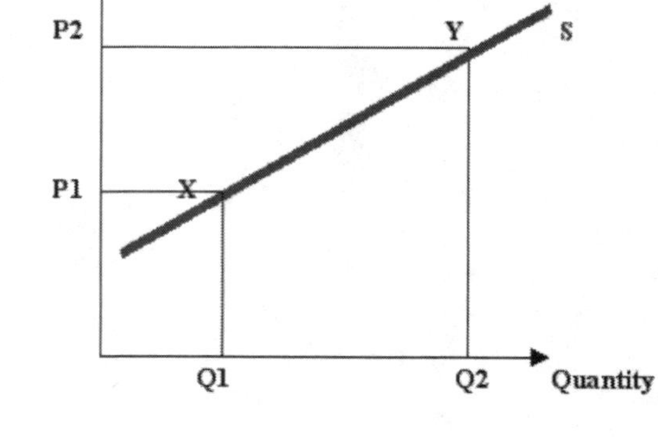

Une pénurie de travail provient donc de salaires trop bas. Il suffit de les majorer pour qu'elle disparaisse.

Lorsqu'on importe des migrants, les salaires diminuent et pourtant la quantité de travail s'accroît parce qu'ils acceptent des rémunérations médiocres. Il en résulte une nouvelle courbe de l'offre S2.

Toutefois, lorsqu'un facteur de production augmente tandis que les autres restent stables, son rendement devient de plus en plus faible. Cela signifie qu'une croissance du travail doit toujours s'accompagner de celle du capital. Sur ce point, la théorie répond qu'une main-d'œuvre peu onéreuse améliore la rentabilité des capitaux qui vont s'investir pour profiter de cette aubaine. Finalement les salaires repartiront à la hausse et tout le monde sera gagnant.

DRAWING 9

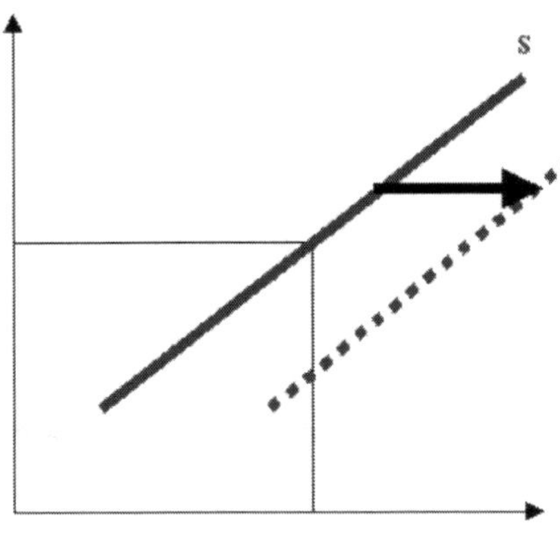

.

La pratique

La théorie repose sur deux postulats : l'existence de facteurs complémentaire (le capital et la technologie) et d'un marché concurrentiel du travail. Or ces deux conditions ne sont pas réunies.

Absence de facteurs complémentaires

Soit une économie avec un plein-emploi et un équilibre entre l'offre de travail S et la demande des entreprises à un prix P du travail. Le premier rectangle du graphique suivant illustre cette situation :

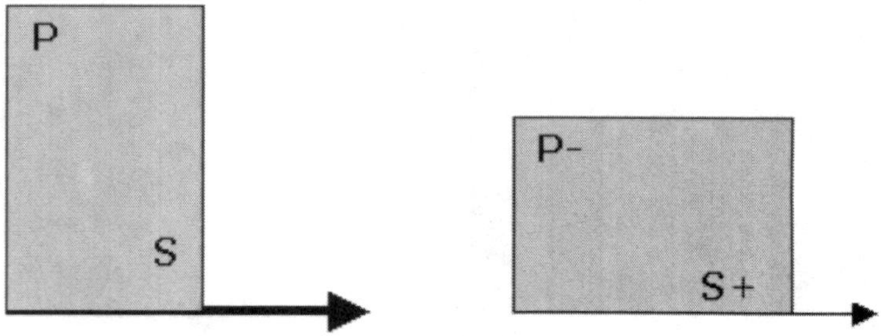

Supposons à présent l'arrivée d'immigrants. L'offre de travail augmente de S à S + mais le niveau des salaires diminue de P à P -. Il n'existe aucun chômage mais en l'absence de capital complémentaire, la production stagne (rendements décroissants) et les prix restent inchangés pour les consommateurs. Le résultat de l'opération se limite une hausse du profit des patrons.

Cette situation prévaut en Europe puisque les capitaux se délocalisent dans les pays émergents. L'immigration entraîne alors une chute de la productivité dans la mesure où les employeurs ne sont pas incités à investir et se contentent de profiter de l'effet d'aubaine à court terme

Absence de marché du travail concurrentiel

Il existe dans la plupart des pays un minimum au-dessus duquel les salaires ne peuvent pas descendre. En l'absence de facteurs complémentaires (cas précèdent), si P correspond au salaire minimum, toute augmentation de l'offre de S en S + se traduit par du chômage comme l'illustre le graphique suivant :

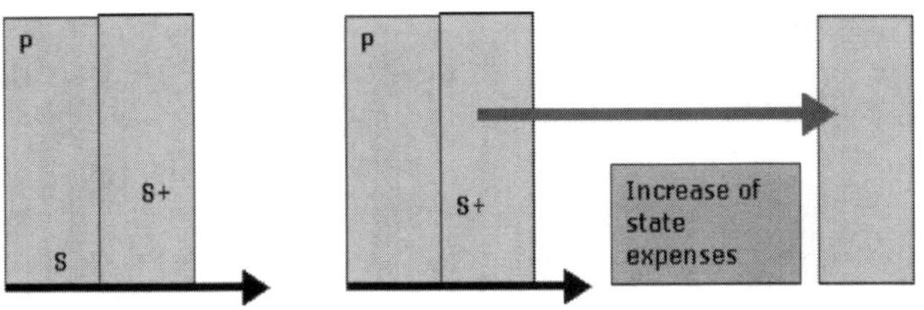

Si les chômeurs reçoivent des aides sociales, leur coût est transféré à l'état et aux contribuables. L'immigration entraîne alors une hausse des dépenses publiques qui réduit l'épargne disponible pour les investissements d'avenir. Au final, la croissance s'arrête et tout le monde devient perdant à moyen terme.

Notre rapport ne fait que tirer les conséquences de cette situation.

Annexe 3-Calcul des revenus primaires : salariés, indépendants, patrimoine

Distinction salaire médian- salaire moyen

Le salaire médian est tel que la moitié des salariés de la population concernée gagne moins tandis que l'autre moitié gagne plus. Il se différencie du salaire moyen qui représente la moyenne de l'ensemble des salaires de la population concernée

Application : salaire médian

Soit une population de dix habitants. Si 50% gagne plus de 5000 euros et 50% moins le salaire médian est de **5000 euros**.

Application : salaire moyen

Supposons la répartition suivante des salaires pour la même population :

1 gagne 100.000	100.000
3 gagnent 20.000	60.000
1 gagne 5000	5000

Salaire médian (5000)	
1 gagne 5000	5000
4 gagnent 1000	4000
Total	174.000
Salaire moyen	**17.400**

Pour un salaire médian de 5000 euros le salaire moyen est ici de 17.400. Le salaire médian reflète donc mieux la situation réelle d'une population donnée.

Calcul des salaires

Salaire médian natif ou UE : 1550

Salaire médian immigré tiers : 1300

Salaire médian descendant tiers : 1400

Nombre occupé immigré tiers : 1,52

Nombre immigré salarié : 1,52 multiplié par le nombre total de salariés tiers (2,1) divisé par le nombre total de tiers occupé (2,3) pour tenir compte des indépendants = 1,4

Nombre occupé descendants tiers 0,76

Même calcul que pour les immigrés : 0,76* 2,1/2,3 = 0,7

Pondération du salaire médian

1,4 *1300 = 1820

0,7*1400 =   980

Total : 2800/2,1 = 1330 de salaire médian

Le salaire médian des tiers représente 86% de celui des UE :
1330*100/1550 = 86

Masse salariale totale à répartir : 1077,6

Population salariée totale convertie en UE : 20,7 + (2,1 *0 ,86) = 22,5

Salaire moyen UE : 1077,6/22,5 = 47.893

Masse salariale des UE : 47.893 * 20,7 = 991,4

Masse salariale des tiers : 1077,6- 991,4 = 86,2

Cotisations totales : 395,8

Cotisations des salariés UE : 395,8*991,4/1077,6 = 364,1

Cotisations des salariés tiers : 395,8*86,2/1077,6 = 31,7

Masse salariale nette des UE : 991,4-364,1 = 627,3

Masse salariale nette des tiers : 86,2- 31,7 = 54,5

Total masse salariale : 681,8

Salaire net moyen UE : 627,3/20,7 = 30.300

Salaire net moyen Tiers : 54,5/2,1 = 26.000

Salaire net moyen national : 681,8 /22,8 = 29.900

Calcul du revenu des indépendants

Total revenus : 121,1

Nombre d'indépendants : 3; UE 2,8; Tiers 0,2

Revenu des UE : 121,1*2,8/3 = 113

Revenus des tiers : 121,1*0,2/3 = 8,1

Cotisations : 28,2

Cotisations des UE : 28,2*113/121,1 = 26,3

Cotisations des tiers : 28,2*8,1/121,1 = 1,9

Revenu net des tiers : 8,1-1,9 = 6,2

Revenu net des UE : 113- 26,3 = 86,7

Total net : 92,9

Revenu moyen net national : 92,9/3 = 31.000

Calcul des revenus du patrimoine

Total revenu : 285,9

Le tableau page 225 de l'étude de base : http://www.insee.fr/fr/ffc/docs_ffc/ref/IMMFRA12_k_Flot5_con.pdf

donne pour un échantillon de 3,5 millions de Tiers 1million de propriétaires soit 29%

Le tableau indique aussi que 55% des natifs sont propriétaires.

On applique ces taux aux 24 ans et plus : 4,6 pour les tiers et 40,8 pour les UE

On a donc 4,6*29% = 1,3 et 40,8 * 55% = 22,4 soit au total 23,7

On répartit donc le revenu du patrimoine comme suit :

Tiers : 285,9*1,3/23,7 = 15,7

UE : 285,9*22,4/23,7 = 270,2

Annexe 4 — L'immigration est-elle à l'origine de la crise financière de 2008

Le cas américain

Cette annexe est la reprise d'un article que j'ai publié en anglais sur Free World Academy.

Une immigration massive

Depuis l'an 2000, la classe gouvernante a favorisé une immigration massive pour faire baisser les salaires comme le montre le tableau suivant :

Tableau

Période	61/70	71/80	81/90	91/20	2000/2008
Million immigrants	3.3	4.5	7.3	9	20

Le flux d'immigrants légaux et clandestins s'est ainsi établi à plus de 2.5000.000 par an entre 2000 et 2008. Globalement, ils représentaient environ 57.000.000 de personnes avant la crise et 45% des enfants âgés de moins de 5 ans appartenaient à des minorités ethniques (Source **census bureau)**.

À entraîné la baisse des bas revenus :

Calculé en dollars de 2007, le salaire horaire minimum s'élevait à 8 dollars en 1980. En 2007, il n'atteignait que 5,85 ! Certes, seulement 1,7 million de travailleurs est régi par le salaire minimum mais son niveau influence les 76 millions qui sont payés à l'heure.

Compensée par un endettement massif

Ces bas salaires qui ont enrichi les entreprises risquaient d'affaiblir la consommation sur le marché intérieur. Le gouvernement s'est alors efforcé de les compenser en en incitant les Américains à s'endetter massivement.

Entre 2000 et 2007, le taux d'épargne des ménages qui s'élevait à 8 % au cours de la décennie précédente est tombé à 2 % et est même devenu négatif en 2005. Les ouvriers se sont mis à vivre en dépendant de leur carte de crédit et en n'ayant plus aucune économie. Entre 1989 et 2008, la dette des cartes de crédit a quadruplé en passant de 238 à 962 milliards de dollars. Par ailleurs, les prêts hypothécaires pour l'habitat ont été utilisés pour financer des dépenses de consommation courante, ce qui représentait une hérésie et le moyen le plus sûr de faire faillite !

Débouchant sur une crise financière majeure

On connaît la suite. Je me contente ici de rappeler ce que j'écrivais sur Free World Academy en 2005 dans un article consacré au futur des USA " *A country which sells 90% of its production on its internal market, must increase the solvency of the consumers by raising the wages in order to avoid an overproduction crisis. In fact, since the low workers have not benefited of an increase of their wages, the sustainability of the consumer power has been got through the increase of population (Immigration) and the distribution of easy credit in replacement of good wages. Clearly, such a scheme is fragile*".

Cette étude de 2005 ressemblait ainsi à une prophétie!

Annexe 5

Calcul des dépenses de protection sociale

Retraites

Montant total : 299,9

On répartit au prorata des plus de 60 ans : Tiers 0,8; UE 14,4; total 15,2

Tiers : 299,9*0,8/15,2 = 15,9

UE : 299,9*14,4/15,2 = 284

Dépenses de santé

Montant total : 214,4

Profil de dépenses par âge : 0 à 20 : 1000; 20 à 60 : 2500 en moyenne; plus de 60 : 4000.

Populations concernées (en millions) :

	0à 20	20 à 60	Plus de 60	Total
Tiers	2,9	4,4*2,5	0,8*4	17,1
UE	13,1	29,8*2,5	14,4*4	145,2
Total	16	85,5	60,8	162,3

Montant tiers : 214,4*17,1/162,3 = 22,6

Montant UE : 214,4*145,2/162,3 = 191,8

Dépenses de la famille

Montant total : 49,4

Au prorata des moins de 20 ans : Tiers 2,9; UE 13,1; total 16

Montant tiers : 49,4 *2,9/16 = 9

Montant UE : 49,4*13,1/16 = 40,4

Dépenses emploi et pauvreté

Montant total : 37,4 + 15,2 = 52,6

Au prorata des chômeurs : Tiers 0,6; UE 2; total 2,6

Montant Tiers : 52,6*0,6/2,6 = 12,1

Montant UE : 52,6*2/2, 6 = 40,5

Dépenses de logement

Montant total : 21,4

Le tableau page 225 déjà cité de l'étude de base donne pour un échantillon de tiers 69% de locataires. Le tableau indique aussi que 38% des natifs sont locataires.

Les 24 ans et plus s'élèvent à 4,6 pour les tiers et 40,8 pour les UE ; On applique à ces montants le taux de locataires.

Tiers 4,6*69%=3,2 ; UE 40,8*38% = 15,5. Total 18,7

On répartit donc comme suit les 21,4

Tiers : 21,4 *3,2/18,7 = 3,7

UE : 21,4*15,5/18,7= 17,7

Annexe 6 — Calcul des dépenses de l'État

Référence pour les chiffres globaux avant répartition entre UE et tiers :

http://www.insee.fr/fr/themes/comptes-nationaux/tableau.asp?sous_theme = 3.2 & xml = t_3201

Éducation

Montant total : 120,8

On répartit au prorata des moins de 24 ans : tiers 3,5; UE 16,5; total 20

Tiers : 120,8*3,5/20 = 21,2

UE : 120,8*16,5/20 = 99,6

Intérieur et justice

Montant total : 35

La page 229 du portrait social de l'INSEE 2012 indique que 17,6 % des 66.975 détenus en 2011 sont des étrangers :

http://www.insee.fr/fr/ffc/docs_ffc/ref/FPORSOC12q_FTLo5cond.pdf

3,7 des étrangers donnent 17,6 % des détenus soit 11.788

8,1 des tiers donnent 11.788*8,1/3,7 = 25.806

25.806 représentent 38,5% de 66.975

Montant des tiers : 35*38,5% = 13,5

Montant des UE : 35- 13,5 = 21,5

Logement

Montant total : 37,8

Le tableau page 225 déjà citée de l'étude de base indique pour un échantillon de tiers 40% en HLM

Le tableau indique aussi que 15% en moyenne des UE sont en HLM.

On applique ces taux aux 24 ans et plus : tiers : 4,6*40% = 1,8; UE : 40,8*15% = 6,2; Total 8

Montant tiers : 37,8*1,8/8 = 8,5

Montant UE : 37,8*6,2/8 = 29,3

Autres dépenses

Montant total : 284

On répartit au prorata de population globale

Montant Tiers : 284*8,1/65,4 = 35,2

Montant UE : 284*57,3/65,4 = 248,8

Annexe 7 — Calcul des recettes de l'État

Référence pour les chiffres globaux avant répartition entre UE et tiers :

http://www.insee.fr/fr/themes/comptes-nationaux/tableau.asp?sous_theme = 3.2 & xml = t_3212

Cotisations sociales

Montant cotisations encaissées : 370

Cotisations prélevées : UE : 390,3. Tiers : 33,7 .Total : 424

Montant Tiers encaissé : 33,7*370/424 = 29,4

Montant UE encaissé : 390,3*370/424 = 340,6

CSG, CRDS, IR, etc.

Montant total : 145,5

Calcul de la base imposable

	UE	Tiers	Total
Revenu net	984,2	76,4	1060,6
Pensions retraite	284	15,9	299,9
Indemnités chômage	28,8	8,6	37,4
Total	1297	100,9	1397,9

Montant payé par tiers : 145,5*100,9/1397,9 = 10,5

Montant payé par UE : 145,5*1297/1397,9 = 135

L'impôt sur les sociétés, l'impôt sur la fortune (et différentes contributions sur le patrimoine

Montant total : 63,7

On répartit donc au prorata des revenus du patrimoine.

	UE	Tiers	Total
Revenus du patrimoine	270,2	15,7	285,9

Montant payé par les tiers : 63,7*15,7/285,9 = 3,5

Montant payé par les UE : 63,7*270,2/285,9 = 60,2

La taxe d'habitation

Montant total : 16

On la répartit au prorata des plus de 24 ans

Montant payé par les tiers : 16*4,6/45,4 = 1,6

Montant payé par les UE : 16*40,8/45,4 = 14,4

Les impôts sur les salaires et la main-d'œuvre

Montant total : 28,4

On répartit au prorata des salaires primaires (toutes cotisations incluses)

	UE	Tiers	Total
Salaires bruts	991,4	86,2	1077,6

Montant payé par les tiers : 28,4*86,2/1077,6 = 2,3

Montant payé par les UE : 28,4*991,4/1077,6 = 26,1

Les impôts sur la production

Montant total : 26,7

On répartit au prorata des revenus du patrimoine.

La taxe foncière

Montant total : 27,4

On répartit au prorata des plus de 24 ans sachant que 29% des tiers sont propriétaires contre 55% pour les UE

On a donc 4,6*29% = 1,3 et 40,8 * 55% = 22,4 soit au total 23,7

Tiers : 27,4*1,3/23,7 = 1,5

UE : 27,4*22,4/23,7 = 25,9

Impôt divers sur le capital

Montant total : 10,3 milliards

On répartit au prorata des revenus du patrimoine.

Impôts sur la consommation

Montant total : 222,6 milliards

Calcul du revenu disponible brut :

	UE	Tiers	Total
Revenu net	984,2	76,4	1060,6
+ Protection sociale	577,8	63,3	641,1
- Santé	191,8	22,6	214,4
- CSG, CRDS, IR	135	10,5	145,5
-Taxe d'habitation	14,4	1,6	16
Total	1220,8	105	1325, 8

Calcul de la consommation :

	UE	Tiers	Total
Revenu disponible brut	1220,8	105	1325,8
Taux d'épargne	16,2%	15%	16,1%
Consommation	1023,1	89,2	1112,3

Montant payé par les tiers : 222,6*89,2/1112,3 = 17,9

Montant payé par les UE : 222,6*1023,1/1112,3 = 204,7

Recettes de production et revenus de la propriété

Montant total : 104,2

Total des recettes de l'état avant imputation des 104,2 :

	UE	Tiers	Total
Cotisations sociales	340,6	29,4	370
CSG, CRDS, IR	135	10,5	145,5

Impôt sur les sociétés et divers	60,2	3,5	63,7
Taxe d'habitation	14,4	1,6	16
Impôt sur les salaires	26,1	2,3	28,4
Impôt sur la production	25,2	1,5	26,7
Taxe foncière	25,9	1,5	27,4
Impôt divers capital	9,7	0,6	10,3
Impôts consommation	204,7	17,9	222,6
Total	**841,8**	**68,8**	**910,6**

On répartit au prorata

Montant payé par les tiers : 104,2*68,8/910,6 = 7,9

Montant payé par les UE : 104,2*841,8/910,6 = 96,3

Annexe 8 — La richesse produite : première équation du PIB

Décomposition de la valeur ajoutée (VA = 1789,1) (1)

Rémunérations des salariés et Indépendants (1198,7)

Tableau	UE	TIERS	Total
Rémunération des salariés	991,4	86,2	1077,6
Revenus mixtes	113	8,1	121,1
Total	1104,4	94,3	1198,7

Impôts sur la production moins subventions d'exploitations (53,9)

Les impôts sur la production, les salaires et la taxe foncière représentent 82,5 Milliards dont 5,3 payés par les tiers (Se reporter au tableau 18). Une fois diminués des subventions d'exploitation, ils s'élèvent à 53,9 que nous répartissons au prorata de l'impôt initial ce qui donne **50,4** pour les UE et **3,5** pour les tiers.

L'excédent brut d'exploitation (536,5)

Il comprend trois postes : les sociétés financières ou non (317,1), les administrations publiques et ISBL (61,2) et les ménages (158,2). L'excédent brut des sociétés correspond à l'activité des salariés, à l'utilisation du capital (machines, bâtiments) et au management. La rémunération des salariés étant déjà prise en compte, on répartit au prorata des revenus du patrimoine qui représentent les actionnaires propriétaires du capital. Les administrations sont réparties au prorata des contributions fiscales totales et les ménages au prorata de la taxe foncière

	UE	TIERS	Total
Sociétés	299,7	17,4	317,1
Administrations	56,6	4,6	61,2
Ménages	149,5	8,7	158,2
Total	505,8	30,7	536,5

Récapitulation de la valeur ajoutée

	UE	TIERS	Total
Rémunération des salariés et indépendants	104,4	94,3	1198,7
Impôts sur la productions moins subvention	50,4	3,5	53,9
Excédent brut d'exploitation	505,8	30,7	536,5
Total	1660,6	128,5	1789,1

Les impôts sur la consommation (207,5)

Ils s'élèvent ici à 207,5 au lieu de 222,6 dans les comptes des recettes. Nous répartissons au prorata des impôts initiaux :

	UE	TIERS	Total
Impôts consommation	190,8	16,7	207,5

PIB total

Il additionne les résultats précédents ce qui donne :

	UE		TIERS		Total
1996,6 (PIB) =	1851,4	+	145,2	=	1996,6

Note

1— "L'économie française – édition 2012" http://www.insee.fr/fr/ffc/docs_ffc/ref/ECOFRA12g_Annexes.pdf

Annexe 9 — calcul de l'utilisation de cette richesse : deuxième équation du PIB

PIB = Consommation (C) + Investissement (I) + ou – le solde des Exportations – Importations (SC)

1996,6 (PIB) = 1640,6 (C) + 412,1 (I) – 56,1 (SC)

La consommation (1640,6)

Elle comporte deux rubriques distinctes : la consommation des ménages et celle des administrations

La consommation effective des ménages (1471,9)

La consommation ordinaire des ménages (1110,1) concerne tous les achats de biens et de services. Il s'agit par exemple des dépenses d'alimentation, d'habillement, de logement, de transports, ou de loisirs. Nous en avons déjà calculé la répartition au chapitre des finances publiques. À noter entre les tableaux de L'INSEE une différence de 2,2 provenant sans doute des arrondis que nous affectons aux UE.

À cela s'ajoute **la consommation individualisée des administrations et des ISBL en faveur des ménages (361,8)** qui comprend les dépenses de santé et d'éducation augmentées des divers. Nous avons calculé leur répartition au chapitre concernant les finances publiques. Les divers sont répartis au prorata de ces dernières

Nous obtenons ainsi la consommation effective des ménages

	UE	TIERS	Total
Consommation ordinaire	1020,9	89,2	1110,1
Consommation individualisée	314,5	47,3	361,8
Total	**1335,4**	**136,5**	**1471,9**

La consommation des administrations (168,7)

Cette rubrique concerne les consommations non individualisables de l'état comme celles de la justice ou de la défense nationale. Qui consomme ces services ? Puisqu'ils sont gratuits pour les usagers, leur consommation ne dépend pas des revenus. Le plus logique consiste donc à les répartir au prorata des populations comme pour les dépenses générales de l'état

	UE	TIERS	Total
Consommation des administrations	147,8	20,9	168,7
Consommation effective totale			
Consommation des ménages	1335,4	136,5	1471,9
Consommation des administrations	147,8	20,9	168,7
Total	**1483,2**	**157,4**	**1640,6**

L'investissement et variation des stocks (412,6)

L'investissement est réalisé par trois catégories d'acteurs : les ménages, les entreprises et l'État

L'investissement des ménages (108,9)

L'investissement des ménages est constitué pour l'essentiel par des achats de logements neufs. Pour un ménage sa capacité d'investir étant fonction de l'existence de revenus, on peut répartir ce poste au prorata du revenu disponible brut

	UE	TIERS	Total
Investissement des ménages.	**100,3**	**8,6**	**106,8**

L'investissement des entreprises et variations des stocks (237,8)

L'investissement des sociétés et des entreprises individuelles concerne principalement des biens d'équipement (machines) et des constructions (usines) et des variations de stocks. Comment répartir ce montant? Ici encore, il faut se poser la question : qui investit? Ce sont les actionnaires et les propriétaires individuels. Nous n'allons pas pour autant dépouiller tous les procès-verbaux d'assemblées d'actionnaires et le raisonnement comptable permet de trouver une solution élégante. Ceux qui possèdent des actions ou des entreprises touchent des revenus du patrimoine. On répartit donc au prorata de ces derniers.

	UE	TIERS	Total
Investissement des entreprises	**224,7**	**13,1**	**237,8**

L'investissement de l'État et des ISBL (65,4)

S'agissant des investissements de l'état, il faut se demander qui investit. Ce sont en fait les contribuables à partir des ressources fiscales qu'ils apportent à l'état. On répartit donc ce poste au prorata de ces dernières

	UE	TIERS	Total :
Investissement de l'état	**60,5**	**4,9**	**65,4**

Investissement total

	UE	TIERS	Total
Investissement des ménages.	100,3	8,6	106,8
Investissement des entreprises	224,7	13,1	237,8
Investissement de l'état	60,5	4,9	65,4
Total	**385,5**	**26,6**	**412,1**

Le solde commercial

La seconde équation du PIB fait aussi intervenir le solde commercial

Les exportations (538,2)

On répartit donc les exportations au prorata de la première équation du PIB qui correspond à la richesse produite à laquelle on ajoute les importations qui constituent aussi une ressource.

	UE	TIERS	Total
Richesse produite (PIB)	1851,4	145,2	1996,6
Importations	541	53,3	594,3
Total	2392,4	198,5	2590,9
Exportations	**497**	**41,2**	**538,2**

Les importations (594,3)

Les importations sont une ressource pour les ménages qui les utilisent pour consommer ou investir. On les répartit donc au prorata de la consommation effective (1640,6) augmentée de l'investissement (412,1)

	UE	TIERS	Total
Consommation effective	1483,2	157,4	1640,6
Investissements	385,5	26,6	412,1
Total	1868,7	184	2052,7
Importations	**541**	**53,3**	**594,3**

Le déficit commercial

	UE	TIERS	Total
Exportations	497	41,2	538,2
Importations	541	53,3	594,3
Déficit	**-44**	**-12,1**	**- 56,1**

Le PIB selon la seconde équation

En reprenant les montants précédents, on parvient bien à la décomposition du PIB de la seconde équation qui se compare à la première :

Richesse produite							**Utilisation**			
		C +		I		– SC		= Total		
UE :	1851,4	1483,2	+	385,5	-	44	=	1824,7		
TIERS :	145,2	157,4	+	26,6	-	12,1	=	171,9		
Total	**1996,6**	**1640,6**	**+**	**412,1**	**-**	**56,1**	**=**	**1996,6**		

Annexe 10 — Fiche de calcul des principaux agrégats SANS les originaires des pays tiers

1-Le marché du travail

Population active	26,8
Chômage frictionnel (4 %)	1
Population occupée	25,8
Salariés	22,8
Indépendants	3

2-Les revenus

Revenu primaire des indépendants	121,1
Cotisations des indépendants	28,2
Revenu net des indépendants	92,9
Revenu primaire des salariés	1092

Ancien revenu des UE (991,4) ajusté pour tenir compte

du nouveau nombre des salariés (22,8) par rapport à l'ancien (20,7)

991,4*22,8/20,7 = 1092

Cotisations des salariés	401

L'ancienne cotisation (364,1) est recalculée suivant la même méthode que ci-dessus

Revenu net des salariés	691
1092-401 = 691	
Revenu du patrimoine	270,2
Revenu net total	1054,1
92,9 + 691 + 270,2 = 1054	

3— Dépenses publiques

Anciennes dépenses de protection sociale des UE	577,8
Moins emploi et pauvreté divisé par 2 comme le chômage	
28,8 + 11,7 / 2 = 20,3	-20,3
Nouvelle dépense de protection sociale	557,5
Dépenses de l'état et collectivités locales	399,2
Total des dépenses	956,7

4-Recettes publiques

Cotisations sociales (salariés + indépendants) 429,2

Recalculées à partir des cotisations encaissées

340,6*429,2/390,3 = 374,5 374,5

Calcul CGS, CRDS, IR

Ancienne base imposable 1297

Nouvelle base

1054,1 + 284 + 14,4 = 1352,5

Nouvel impôt : 135*1352,5/1297=	140,8
Impôt sur les salaires 26,1 *1092/991,4 = 28,7	28,7
Autres impôts (On reprend les chiffres des UE)	135,4
Recettes et revenus de l'état	104,2

On reprend l'ancien total car ces revenus ne dépendent pas de la présence ou non des tiers

Impôt sur la consommation

Calcul du revenu disponible brut

Revenu net 1054,1 + protection sociale 557,5 – santé 191,8 - IR, CSG 140,8-taxe habitation 14,4 = 1264,6

Consommation 1264,6*83,8% = 1059,7

Calcul nouvel impôt

Ancien impôt 204,7*1059,7/1023 ,7 (ancienne consommation) 211,9

Total des recettes 995,5

5-Excédent budgétaire : 995,5 – 956,7 = 38,8
38,8

6-Première équation du PIB

Revenus primaires salariés et indépendants

1092 + 121,1 = 1213,1 1213,1

Impôt sur la production	50,4
Excédent brut d'exploitation	505,8
Valeur ajoutée	1769,3
Impôt consommation (211,9*207,5 / 222,6)	197,5
PIB	1966,8
PIB par habitant 1966,8 / 57,3	34.300

7-Deuxième équation du PIB

Consommation des ménages	1059,7
Consommation individualisée	314,5
Consommation des administrations	147,8
Consommation effective totale	1522
Investissement des ménages	
Ajusté pour tenir compte du nouveau revenu disponible brut	
100,3*1254,6 / 1220,8 = 103,9	103,9
Autres investissements	285,2
Total investissement	389,1
Total consommation + investissements	1911,1
Excédent commercial	55,7
PIB 1911,1 + 55,7 = 1966,8	1966,8

Annexe 11 — fiche étrangers (1)

Décompte des étrangers

Tableau	Nombre de tiers	Étrangers
Immigrés		
Moins de 18 ans- étrangers à 100 %	0,3	0,3
Actualisation de 2008- étrangers à 100 %	0,6	0,6
Autres- étrangers à 60 %	3,2	1,9
Moins acquisition de nationalité en 2009, 2010 et 2011		-0,3
Total :	**4,1**	**2,5**

Descendants pays tiers

Moins de 18 ans- étrangers comme leurs parents à 60 % jusqu'à 18 ans	2,2	1,3
3 % des plus de 18 ans restés étrangers	1,8	0,1
Total :	**4**	**1,4**
Total général :	**8,1**	**3,9**

Soit un taux de 3,9 / 8,1 = 48 % étrangers 52 % français

Étrangers sur population en âge de travailler 15/65 :

-Population tiers : 5,7

-Étrangers : 0,6 + 1,9 -0,3 + 0,1 = 2,3

Soit un taux de 2, 3/5,7 = 40% étrangers 60% français

-Étrangers au chômage : 600.000*40% = 240.000 arrondi à 200.000

—Nouveau nombre d'actifs tiers : 2,9- 0,2 = 2,7

Nouvelle population des tiers :

-2,9 actifs correspondent à 8,1

-2,7 correspondent à : 8,1*2,7/2,9 = 7,5- Diminution de population 0,6

-Toutes les tranches d'âges tiers sont diminuées de 0,6*100/8,1 = 7,5 %

	UE	**Tiers**	**Total**
Population totale	57,3	7,5	64,8
Moins de 15 ans	9,6	1,9	11,5
15 ans et plu	47,7	5,6	53,3
15 à 65 ans	37	5,3	42,3
Moins de 20 ans	13,1	2,7	15,8
20 à 60 ans	29,8	4,1	33,9
Plus de 24 ans	40,8	4,3	45,1
Moins de 24 ans	16,5	3,2	19,7
Plus de 60 ans	14,4	0,7	15,1

-Réfaction à effectuer sur dépenses sociales :

-Français sur total tiers : 52%

-Français sur tiers en âge de travailler : 60%

-Moyenne : 56%

-Les dépenses de protection sociale des tiers seront donc multipliées par 56 et divisées par 100 pour tenir compte de la réfaction étranger.

Note

1— Source : Page 113 et 115 de l'étude INSEE "Immigrés et descendants d'immigrés en France — édition 2012"

http://www.insee.fr/fr/ffc/docs_ffc/ref/IMMFRA12_g_Flot1_pop.pdf

Annexe 12-Fiche de calcul des principaux agrégats SANS les 200.000 étrangers originaires des pays tiers

1-Le marché du travail	**UE**	**Tiers**	**Total**
Population active	25,5	2,7	28,2
Chômage	1,9	0,5	2,4
Population occupée	23,6	2,2	25,8
Salariés	20,8	2	22,8
Indépendants	2,8	0,2	3

2-Les revenus			
Revenu primaire des indépendants	113	8,1	121,1
Cotisations des indépendants	26,3	1,9	28,2
Revenu net des indépendants	86,7	6,2	92,9
Revenu primaire des salariés			
Ancien revenu des UE (991,4) ajusté pour tenir compte du nouveau nombre des salaries (20,8) par rapport à l'ancien (20,7)	996,2		

991,4*20,8/20,7 = 996,2

Ancien revenu des Tiers (86,2) ajusté pour tenircompte du nouveaunombre des salariés (2) par rapport à l'ancien (2,1)		82,1	

86,2*2/2,1 = 82,1			
Total salaires primaires			1078,3
Cotisations des salariés			
L'ancienne cotisation (364,1) des UE est recalculée au prorata du nouveau salaire	365,9		
L'ancienne cotisation (31,7) des Tierest recalculée au prorata du nouveau salaire		30,2	
Revenu net des salariés	630,3	51,9	682,2
Revenu du patrimoine	270,2	15,7	285,9
Revenu net total	987,2	73,8	1061

3— Dépenses protection sociales

Retraites : Montant total ancien : 299,9 Nouveau montant tenant compte tranche d'âges : 299,9*15,1/15,2 = 297,9 UE : 284; Tiers 13,9*56% = 7,8 Pour tenir compte réfaction étrangers	284	7,8	291,8
Santé :montant total ancien : 214,4 Nouveau montant tenant compte populations 214,4*64,8/65,4 = 212,4 UE : 191,8; Tiers 20,6*56% = 11,5 Pour tenir compte réfaction étrangers	191,8	11,5	203,3
Familles : Montant total ancien 49,4 Au prorata des moins de 20 ans : Tiers 2,7; UE 13,1; total 15,8 UE : 40,4; Tiers 8,4*56% = 4,7 Pour tenir compte réfaction étrangers	40,4	4,7	45,1
Emploi et pauvreté			

Montant total ancien : 37,4 + 15,2			
= 52,6			
Nouveau montant : 52,6*2,4/2,6			
= 48,6			
Au prorata des chômeurs :			
Tiers 0,5; UE 1,9			
Montant UE : 48,6*1,9/2,4			
= 38,5			
Montant Tiers : 48,6*0,5/2,4			
= 10,1*56% = 5,7			
Pour tenir compte réfaction			
étranger	38,5	5,7	44,2
Dépenses de logement			
Montant total ancien : 21,4			
UE : 17,7 Tiers : 3,7*56% = 2	17,7	2	19,7
Total dépenses sociale	**572,4**	**31,7**	**604,1**

4-Dépenses État

Éducation			
Montant total ancien : 120,8			
Nouveau montant tenant			
compte tranche d'âges :			
120,8*19,7/20 = 119			
UE : 99,6; Tiers 19,4	99,6	19,4	119
Intérieur et justice			
Montant total ancien : 35			
La page 229 du portrait social			
de l'INSEE 2012 indique que			
17,6% des 66.975			
détenus en 2011 sont des			
étrangers			
3,7 des étrangers donnent			
17,6% des détenus soit			
11.788			
7,5 des tiers donnent			
11.788*7,5/3,7 = 23.894			
23894 représentent 35,5%			
de 66.975			

Montant des tiers : 35*35,5% = 12,4 Montant des UE : 21,5	21,5	12,4	33,9
Logement Montant total ancien : 37,8 0n applique les taux du tableau de la page 225 Aux nouvelles tranches de 24 ans et plus Tiers : 4,3*40% = 1,7 ; UE : 40,8*15% = 6,2 Montant tiers 37,8*1,7/7,9 = 8,1 Montant UE = 29,3	29,3	8,1	37,4
Autres dépenses Montant total ancien : 284 On répartit au prorata nouvelle population 284*64,8/65,4 = 281,4 Tiers : 281,4*7,5/64,8 = 32,6	248,8	32,6	281,4
Total dépenses état :	**399,2**	**72,5**	**471,7**
5-Dépenses publiques totales (3 + 4)	**971,6**	**104,2**	**1075,8**
6-Recettes de l'état			
Cotisations sociales Montant cotisations encaissées : 370 Cotisations prélevées : UE : 392,2. Tiers : 32,1 .Total : 424,3 Montant Tiers encaissé : 32,1*370/424,3 = 28 Montant UE encaissé : 392,2*370/424,3 = 342	342	28	370

CSG, CRDS, IR, etc.
Montant total ancien : 145,5
Calcul de la nouvelle base imposable :

	UE	Tiers	Total
Revenu initial	987,2	73,8	1061
Pensions retraite	284	7,8	291,8
Indemnités chômage	27,4	4	31,4
Total	1298,6	85,6	1384,2

Nouvel impôt : 145,5*1384,2/1397,9 = 144,1 Montant payé par tiers : 144,1*85,6/1384,2 Montant payé par UE : 144,1*1298,6/1384,2	135,2	8,9	144,1
L'impôt sur les sociétés, l'impôt sur la fortune et différentes contributions sur le patrimoine Montant total : 63,7 Sans changement.	60,2	3,5	63,7
La taxe d'habitation Montant total ancien 16 Nouveau montant payé par tiers Montant payé par les tiers : 1,6*4,3/4,6 = 1,5 Montant payé par les UE inchangé14,4	14,4	1,5	15,9
Les impôts sur les salaires et la main-d'œuvre Montant total ancien : 28,4 Nouveau montant 28,4*1078,3/1077,6 = 28,4 On répartit au prorata des salaires primaires UE/28,4*996,2/1078,3 = 26,2	26,2	2,2	28,4

Les impôts sur la production
Montant total 26,7

Sans changement 25,2 1,5 26,7

La taxe foncière

Montant total 27,4

Inchangé car on postule que le nombre de propriétaires reste le même : 25,9 1,5 27,4

Impôt divers sur le capital

Montant total 10,3 milliard

Inchangé 9,7 0,6 10,3

Impôts sur la consommation

Montant total ancien : 222,6 milliards

Calcul du nouveau revenu disponible brut :

	UE	Tiers	Total
Revenu net	987,2	73,8	1061
+ Protection sociale	572,4	31,7	604,1
- Santé	191,8	11,5	203,3
- CSG, CRDS, IR	135,2	8,9	144,1
-Taxe d'habitation	14,4	1,5	15,9
Total	1218,2	83,6	1301,8
Taux d'épargne	16,2%	15%	16,1%
Calcul consommation	1020,8	71	1091,8

Nouvel impôt :

222,6*1091,8/1112,3 = 218,5

Montant payé tiers :

218,5*71/1091,8 = 14,2

Montant payé UE :

218,5*1020,8/1091,8 = 204,3 204,3 14,2 218,5

Recettes de production et revenus de la propriété

Montant total : 104,2

Total des recettes de l'état avant imputation des 104,2 : 843,1 61,9 905

On répartit au prorata

Montant payé par les tiers :

104,2*61,9/905 = 7,1

Montant payé par les UE :

104,2*843,1/905 = 97,1 97,1 7,1 104,2

7-Recettes publiques totales	**940,2**	**69**	**1009,2**
8- Déficit (7-5)	**31,4**	**35,2**	**66,6**

9-Première équation du PIB

Revenus primaires salariés et indépendants 1078,3 + 121,1 = 1199,4	1109,2	90,2	1199,4
Impôt sur la production	50	3,3	53,3
Excédent brut d'exploitation	505,8	30,7	536,5
Valeur ajoutée	1665	124,2	1789,2
Impôt consommation corrigé (207,5 / 222,6)	190,4	13,2	203,6
PIB	1855,4	137,4	1992,8
PIB par habitant	32.400	18.300	30.800

10-Deuxième équation du PIB

Consommation des ménages	1020,8	71	1091,8
Consommation individualisée	315,4	33,5	348,9
Consommation des administrations 168,7*64,8 / 65,4 = 167,2	147,8	19,4	167,2
Consommation effective total	1484	123,9	1607,9
Investissement des ménages Ajusté pour tenir compte du nouveau revenu disponible brut 108,9*1301,8 / 1325,8 = 106,9	100	6,9	106,9
Autres investissements	285,6	17,6	303,2
Total investissement	385,6	24,5	410,1
Total consommation + investissements	1869,6	148,4	2018
Déficit commercial			-25,2
PIB			1992,8

Table des matières

Dépôt légal : mai 2013 N° imprimeur : 051345110

Imprimé en France par Présence Graphique - Monts.